LA

RESPONSABILITÉ DES CRIMINELS

BIBLIOTHÈQUE INTERNATIONALE DE SCIENCE ET DE DROIT

LA RESPONSABILITÉ DES CRIMINELS

PAR

J. GRASSET

PROFESSEUR DE CLINIQUE MÉDICALE A L'UNIVERSITÉ DE MONTPELLIER
ASSOCIÉ NATIONAL DE L'ACADÉMIE DE MÉDECINE

PARIS
LES ÉDITIONS NOUVELLES
BERNARD GRASSET
49, RUE GAY-LUSSAC, 49

1908

A aucune époque on n'a autant parlé de *responsabilité des criminels*[1] et jamais la question n'est apparue aussi difficile, je pourrais dire inextricable, puisqu'on voit surgir tous les jours les solutions les plus contradictoires et les assertions les plus inattendues.

Dès qu'un crime passionne le public — et on sait d'une part combien les crimes sont fréquents et d'autre part avec quel art la presse en répand la nouvelle et en dramatise les détails — on soulève dans tous les journaux la question de la responsabilité de l'accusé. Et, avec la même incompétence sereine et le même dogmatisme sûr de soi, les uns déclarent qu'il est irresponsable et doit être enfermé et les autres proclament qu'il est parfaitement responsable et se montrent prêts à le lyncher si on ne le guillotine pas...

Les foules ne sont pas seules à s'émouvoir de ces questions avec leurs passions inconscientes; les so-

1. Le vrai titre de ce livre devrait être *La responsabilité des accusés;* car le mot « criminels » ne peut s'appliquer que par abus et par tradition à des malades irresponsables.

ciologues, les philosophes, tous ceux qui paraissent (et dont beaucoup sont réellement) à l'abri des entraînements grégaires, formulent des opinions diverses et graves sur ces problèmes qui ont d'ailleurs une importance sociale et une portée absolument indiscutables.

Au milieu de ce fouillis et de ce désordre des théories, les médecins, et spécialement les spécialistes (médecins aliénistes et neurologistes), paraissaient jusqu'ici être seuls à avoir et à professer une certaine unité de doctrine. S'appuyant sur les magnifiques progrès faits par leur science depuis cent ans, ils s'efforçaient (comme on le leur a reproché) d'envahir de plus en plus le prétoire, de rendre la justice de plus en plus scientifique et non seulement d'éclairer les magistrats sur la responsabilité des criminels, mais encore de provoquer le plus possible les expertises médicolégales; démontrant à la société qu'ils sont de plus en plus scientifiquement armés pour se tromper le moins souvent possible et pour répondre avec un degré croissant de certitude positive à cette question : l'accusé est-il responsable, irresponsable ou sa responsabilité est-elle atténuée et dans quelle mesure?

Un événement récent a démontré que cette unité et cette fixité de vues n'étaient pas si complètement et définitivement établies dans l'âme des médecins.

Un Congrès de spécialistes, à l'instigation d'un des plus éminents d'entre eux, vient de formuler cette surprenante doctrine que les médecins n'ont pas à s'occuper de la responsabilité des criminels, que ce n'est pas de leur compétence...

On devine l'empressement avec lequel on a publié cette déclaration sous les titres les plus sensationnels : « Les médecins avouent qu'ils ignorent si les criminels sont responsables ou non », « Hippocrate dit oui, mais Galien dit non », « c'est la faillite de la justice scientifique »...

S'il n'y avait là qu'une nouvelle levée de quolibets contre les morticoles, le mal ne serait pas grand ; nous y sommes assez habitués pour n'y trouver jamais qu'un encouragement à préciser davantage les bases scientifiques de notre art ; mais la question est bien plus haute et se pose de la manière suivante :

La société ayant, de l'aveu de tous, le droit de se défendre contre les criminels, doit-elle se défendre contre tous *par les mêmes moyens* sans se préoccuper de savoir si parmi eux il y a des malades? Faut-il se débarrasser de tous les nocifs en les envoyant pêle-mêle à la guillotine ou au bagne, en ne tenant compte pour l'application de la peine que de leur degré de nuisance et de redoutabilité, sans se préoccuper de leur état de santé psychique au moment du crime ?

A cette question, d'éminents sociologues et de graves philosophes ne craignent pas de répondre oui et de crier, comme la foule : « Sus au criminel; il ne faut pas perdre notre argent à le soigner aux frais de l'État; quand un chien est enragé, on le tue, sans lui faire des rentes... »

Les médecins restaient les défenseurs de ces pauvres malades et protestaient contre ces doctrines d'un utilitarisme qui rappelle l'ère des grandes batailles à l'âge des cavernes. Aujourd'hui ce dernier appui des malades de l'esprit semble s'effondrer. Et, à l'heure où dans tous les pays étrangers on travaille la question et on cherche à faire de plus en plus bénéficier le Code des conquêtes de la neurobiologie contemporaine, à l'heure où, en France même, le parlement commence à voter sur les aliénés une loi humanitaire demandée par tous les médecins qui nous ont précédés, les experts spécialistes réunis en Congrès découragent tous les efforts, paralysent les tentatives, se déclarent incompétents sur ces questions et émettent le vœu que, désormais, magistrats et médecins s'en tiennent à la lettre de l'article 64 (promulgué en 1810) dans lequel le mot responsabilité n'est pas prononcé...

Membre, battu mais non convaincu, de la minorité du Congrès de Genève, je crois possible d'arriver à des conclusions moins rétrogrades, de ne pas renier tous les progrès faits par la neurobiologie depuis un siècle, de démontrer que ces progrès, loin d'établir l'incompétence des médecins en matière de responsabilité des criminels, arment au contraire de plus en plus solidement les experts et leur permettent de plus en plus de répondre scientifiquement aux questions posées par les magistrats.

Si je parviens à démontrer cela dans ce livre, j'en conclurai tout naturellement que, loin de décourager nos législateurs dans l'œuvre scientifique et humanitaire commencée, il faut leur demander de la compléter en proclamant nettement l'importance croissante du rôle que doivent jouer l'assistance et le traitement dans les moyens de défense de la société contre certains criminels psychiquement malades et par suite l'importance croissante du rôle que doivent jouer les médecins, non dans l'administration de la justice (qui ne les regarde pas), mais dans l'appréciation de la responsabilité des criminels (qui est absolument de leur ressort).

Cela dit, voici le plan du livre.

Dans une première partie (qui ne comprend qu'un chapitre) j'indique rapidement l'évolution de l'idée de responsabilité dans les derniers cent ans, de 1810 à 1907.

Dans la deuxième partie, j'expose de mon mieux la doctrine dont la démonstration et la défense sont le but même de ce livre : j'essaie de définir la responsabilité physiologique ou la responsabilité au sens médical (chapitre II) et de démontrer l'existence scientifique de la responsabilité atténuée et de montrer les lacunes de la loi française à cet égard (chapitre III).

La troisième partie est consacrée à l'exposé de l'opinion des auteurs pour ou contre la doctrine que je défends. Le chapitre IV suffit à exposer les opinions concordantes ; deux chapitres sont nécessaires pour exposer et discuter les opinions discordantes qui ont été exposées soit par Gilbert Ballet et les congressistes de Genève (chapitre V), soit par d'autres sociologues, médecins et psychologues (chapitre VI).

Dans la quatrième partie (chapitre VII) je montre ce que nos législateurs ont commencé à réaliser ou à proposer des réformes nécessaires et les gros desiderata qu'il reste encore à combler dans le Code pénal français : d'où le vœu qui sera notre conclusion.

PREMIÈRE PARTIE

ÉVOLUTION HISTORIQUE DE L'IDÉE DE RESPONSABILITÉ

CHAPITRE PREMIER

LA RESPONSABILITÉ DES CRIMINELS AU COURS DU DERNIER SIÈCLE

De la promalgation du Code pénal (février 1810) au Congrès de Genève (août 1907).

1. L'idée de responsabilité et d'irresponsabilité : l'article 64. — 2. Les circonstances atténuantes et la responsabilité atténuée : l'article 463. — 3. La loi de 1838 sur les aliénés et la loi votée par la Chambre en janvier 1907. — 4. Le rapport de Gilbert Ballet et le vœu du Congrès de Genève. — 5. Sus aux criminels, malades ou non ! Pas de sensiblerie ! Les médecins hors du prétoire ! — 6. Position actuelle de la question.

1. — L'idée de responsabilité et d'irresponsabilité : l'article 64.

Quand un expert médecin est chargé d'examiner l'état mental d'un accusé et d'apprécier sa responsabilité ou son irresponsabilité, c'est en vertu de l'article 64 du Code pénal[1] ainsi conçu :

« Il n'y a ni crime ni délit, lorsque le prévenu était en état de démence au temps de l'action ou lorsqu'il a été contraint par une force à laquelle il n'a pu résister. »

Le mot responsabilité n'est pas prononcé dans cet article ; dans le Code pénal actuel on ne trouve d'ailleurs ce mot que dans le *titre* du *livre deuxième* : « Des personnes punissables, excusables ou *responsables*, pour crimes ou pour délits. »

L'introduction dans la loi de cet article, évidemment humanitaire, à préoccupation médicale, constituait un grand progrès sur la législation antérieure. Si le Code pénal de 1810, comme celui de 1791, « est issu en droite ligne de l'école philosophique et de la théorie du *Contrat social* de Rousseau[2] », on peut bien dire que l'article 64 procède des progrès faits par la psychiatrie à la fin du XVIIIe siècle, à cette époque que synthétise et personnifie le nom de Pinel.

Quoique le mot « médecin » ou « expertise mé-

1. Loi décrétée le 13 février 1810 et promulguée le 23 du même mois.

2. SALEILLES. *L'individualisation de la peine. Étude de criminalité sociale*, avec une préface de TARDE. Bibliothèque générale des sciences sociales. Alcan, 1898, p. 50.

dicale » ne soit pas prononcé dans la loi, il est certainement dans l'esprit et dans le désir du législateur de faire déterminer par l'expert médecin les cas dans lesquels l'accusé « était en état de démence au temps de l'action ». L'usage s'établit donc dès cette époque de provoquer des expertises médicales pour déterminer la responsabilité ou l'irresponsabilité des accusés.

Mais ce ne fut pas sans protestation que cet usage s'établit ; de divers côtés, on discuta la compétence des médecins dans ces questions. J'en donnerai pour preuves les deux citations suivantes empruntées à Trélat[1].

« Si la loi veut que les médecins soient consultés sur la folie, c'est sans doute par respect pour l'usage et rien ne serait plus gratuit que la présomption de leur capacité spéciale en pareille matière. De bonne foi, il n'est aucun homme d'un jugement sain qui n'y soit aussi compétent que M. Pinel ou M. Esquirol et qui n'ait encore sur eux l'avantage d'être étranger à toute prévention scientifique. Par malheur les médecins ont pris au sérieux cette politesse des tribunaux et, dans l'examen des questions qui leur sont soumises,

1. TRÉLAT. *La folie lucide étudiée et considérée au point de vue de la famille et de la Société*, 1861, p. 2.

ils substituent trop souvent aux lumières naturelles de la raison les ignorances ambitieuses de l'école [1]. » « Qu'avons-nous besoin du secours de la médecine pour apprécier les désordres de l'intelligence? Si la folie est évidente, tout homme peut la reconnaître à ses extravagances et à ses fureurs ; s'il y a doute, ce doute existe également pour le médecin. »

Ceci était écrit en 1826 et en 1830. Louis Eydoux [2] parle de l'époque plus récente, où Elias Regnault prétendait que le bon sens suffit pour distinguer un fou d'un homme qui ne l'est pas, où une chambre des mises en accusation déclarait qu'il n'y a pas lieu à poursuivre « attendu qu'une opinion de médecin n'est que le résultat d'une science conjecturale » et où le président Troplong résumait en ces termes l'opinion de la magistrature elle-même sur la médecine légale : « la médecine légale affiche depuis quelque temps la prétention d'imposer ses oracles à la jurisprudence. Il faut l'avouer, ce que j'ai vu et entendu de certains médecins dépasse toute croyance... Et l'on voudrait que nous autres juges, qui tenons dans

1. C'est dans le *Journal universel des sciences médicales* qu'a été publiée cette phrase renversante.

2. Louis Eydoux. *Les demifous. Étude de la responsabilité atténuée.* Thèse de doctorat en droit. Toulouse. Brun-Rey, 1906.

nos mains la liberté et la capacité civile des personnes, nous fissions dépendre de si frivoles symptômes ces grandes questions où sont engagés l'honneur des familles, la succession des biens et les droits les plus chers de l'homme ! Je pense que la médecine légale n'a ajouté aucun progrès sérieux aux doctrines reçues dans la jurisprudence et qu'elle ne doit en rien les modifier. »

Plus près de nous, un procureur général a pu dire : « accepter l'irresponsabilité d'un homme qui aurait commis un acte criminel sous l'influence irrésistible d'une suggestion, ce serait plonger la société dans l'anarchie des crimes impunis »...

Ce n'est donc pas sans résistance et sans protestation que l'*usage* s'est établi de consulter les médecins sur la responsabilité ou l'irresponsabilité des accusés ; mais enfin, *en fait*, les progrès de la neurobiologie (psychiatrie et neurologie) ont perfectionné constamment les connaissances et l'outillage nécessaires à l'expert pour mener à bonne fin ces expertises et, en dépit des exagérations fâcheuses dites de part et d'autre, on est arrivé à poser le principe que, si le médecin est parfois embarrassé, s'il commet parfois des erreurs de diagnostic et d'appréciation, c'est encore avec lui qu'on a le moins de chances d'erreur : il est mieux armé que les magistrats et le public pour apprécier la responsabilité ou l'irresponsabilité d'un accusé.

2. — Les circonstances atténuantes et la responsabilité atténuée : l'article 463.

Quoique le mot responsabilité ou irresponsabilité ne fût prononcé ni dans l'article 64 ni dans aucun autre article du Code pénal, nous venons de voir comment l'*habitude* avait été prise d'interroger les médecins experts sur la responsabilité ou l'irresponsabilité des accusés. S'écartant encore bien plus des termes mêmes de la loi, les médecins, s'appuyant sur les progrès de la science des centres nerveux, ont peu à peu demandé, imposé et obtenu de parler, dans leurs rapports, non seulement de responsabilité et d'irresponsabilité, mais aussi de *responsabilité atténuée*.

Si l'introduction de cette notion dans la jurisprudence est bien d'origine médicale, elle a été singulièrement favorisée par l'état général de l'esprit public, social et juridique, pendant le XIXe siècle.

Il faut lire dans le beau livre déjà cité de Saleilles l'histoire de l'entrée et du développement progressif, dans la science criminaliste contemporaine, de l'idée d'*individualisation de la peine*.

Primitivement et longtemps, le droit pénal reste purement *objectif*. « On ne tient compte que du fait réalisé. La personnalité de l'agent est indifférente, on l'ignore. C'est, avant tout, le dommage subi qui est pris en considération. » On tient compte de la personne offensée, du dommage causé. Comme le père ignorant qui ne tient compte pour la punition d'un enfant que de la valeur de l'objet brisé, « on ne s'attache qu'au résultat ».

Dès le XIIIe siècle, saint Thomas avait bien déjà insisté sur l'influence de l'intention, de l'ivresse antérieure, sur la responsabilité du sujet. Mais, en *droit*, la criminalité du *fait* restait la seule base d'appréciation générale. Dans l'ancienne législation, on ne pouvait parfois individualiser la peine que par l'*arbitraire* et les peines extraordinaires ; ce qui était détestable.

« La théorie du Code de 1810 » reste « au fond celle de 1791, une théorie purement objective, considérant tous les criminels comme identiques en face d'un même crime ». Cependant il y avait dans le Code pénal quelques innovations heureuses ou quelques idées heureuses d'innovation dans le sens de l'individualisation de la peine.

C'était d'abord l'article 64 (dont j'ai parlé) qui consacrait l'inégalité des accusés au point de vue pathologique ou médical. C'était ensuite le principe « des peines variables à limites fixes, c'est-à-dire variables entre deux limites fixées par la loi » ; c'est « l'élasticité » des peines avec « un maximum et un minimum entre lesquels le juge peut se mouvoir ». Enfin le mot de « circonstances atténuantes » est prononcé dans l'article 463 [1].

C'était encore très peu de chose ; mais la brèche apparaissait par laquelle les théories nouvelles allaient pénétrer et s'installer, sinon dans la loi, du moins dans la jurisprudence.

Pendant tout le XIXe siècle en effet l'ancien système pénal a été combattu, parce qu'il heurtait « de front deux forces irrésistibles, le bon sens populaire et la science : le bon sens populaire

1. Voici l'article 463 :

Texte de 1810 :

« Dans tous les cas où la peine d'emprisonnement... si les circonstances paraissent atténuantes, les tribunaux sont autorisés à réduire... »

Texte de 1832 :

« Les peines prononcées par la loi contre celui ou ceux des accusés reconnus coupables, en faveur de qui le jury aura déclaré les circonstances atténuantes, seront modifiées ainsi qu'il suit. »

parce que le système pénal, si tyrannique, mettait tout le monde sur le même pied, ceux qui étaient intéressants et dignes de pitié et ceux qui ne soulevaient que répulsion. Et il se heurtait à la science, parce qu'il reposait sur une fiction contraire à toutes les notions scientifiques, celle d'une égale liberté pour chaque homme en face d'un même acte. »

Tant que le jury n'avait pas le droit de donner les circonstances atténuantes, il acquittait. Et ainsi il força la main à la loi qui lui conféra ce droit « en 1824, d'une façon partielle, puis en 1832, d'une façon générale ». Ce que le jury a fait pour les circonstances atténuantes (tirées de l'extérieur ou exogènes), les médecins l'ont fait pour cette circonstance atténuante tirée du sujet lui-même (endogène) qu'on appelle la responsabilité atténuée.

Et c'est ainsi que la notion de responsabilité atténuée est entrée, non dans la loi, mais dans la jurisprudence. On voit donc que cette notion de responsabilité atténuée n'est pas apparue dans le monde des médecins et des juristes comme une formule de lâcheté et d'ignorance inventée par les esprits embarrassés ou désireux de ne pas se compromettre, mais bien comme une des plus heureuses et des plus scientifiques manifestations d'une tendance très hautement philosophique qui s'affirme de plus en plus dans les préoccupations des criminalistes contemporains : l'individualisation de la peine.

L'historique médical de la responsabilité atténuée commence en 1861 avec le livre de Trélat, cité plus haut. La question a ensuite donné lieu à de très importantes publications et à des discussions extrêmement vives et brillantes. A la suite de Lombroso [1] l'École italienne a fondé en quelque sorte l'anthropologie criminelle en étudiant les stigmates physiques et psychiques des demifous criminels [2]. En 1894-1895, la *Société générale des prisons* s'est longuement occupée de la question dans une mémorable discussion à laquelle ont pris part les médecins et les juristes les plus éminents. Il y a eu plusieurs thèses de doctorat sur ce sujet dans les facultés de droit (Michelon, Eydoux). Le livre 3 que j'ai publié en

1. LOMBROSO. *L'homme criminel. Criminel né. Fou moral. Épileptique. Criminel fou. Criminel d'occasion. Criminel par passion. Étude anthropologique et psychiatrique.* Bibliothèque de philosophie contemporaine. 2e édition française, sur la 5e édition italienne, 2 vol. 1895. Paris, Alcan.

2. Voir MAURICE DE FLEURY. *L'âme du criminel.* Bibliothèque de philosophie contemporaine, 1898. Paris, Alcan.

3. *Demifous et demiresponsables.* Bibliothèque de philosophie contemporaine, 1907. Paris, Alcan.

décembre 1906 a provoqué d'ardentes polémiques de Parant, Émile Faguet, Pierre Baudin...

Je reviendrai sur tout cela et le discuterai dans mon troisième chapitre.

3. — La loi de 1838 sur les aliénés et la loi votée par la Chambre en janvier 1907.

Entre temps, la question était étudiée d'un autre côté et on parvenait, après de longs et laborieux efforts, à *espérer* que la loi finirait par s'occuper de la responsabilité des criminels [1].

La loi sur les aliénés, qui nous régit encore actuellement, a été promulguée par Louis-Philippe au palais de Neuilly, le 30 juin 1838, et complétée par une ordonnance royale du 18 décembre 1839. Beaucoup plus tard (14 août 1848 et 20 mars 1857) le ministre de l'Intérieur a donné des règlements pour le placement des aliénés non dangereux et pour le service intérieur des asiles publics d'aliénés.

Les critiques commencent en 1860, d'abord contre les médecins, puis deviennent plus vives

1. Voir: Les devoirs et les droits de la société vis-à-vis des aliénés. *Revue des idées*, 15 juillet 1906.

et atteignent l'administration, de 1863 à 1870, à propos de quelques internements arbitraires.

Le Parlement commence à s'occuper de la question en 1867 (Sénat), 1869 et 1870 (Corps législatif), 1872 (Assemblée nationale).

En 1881, un décret nomme une grande commission extraparlementaire ; un projet de loi est déposé par Fallières au Sénat le 25 novembre 1882. Une sous-commission est nommée, qui consulte l'Académie de médecine. Celle-ci à son tour nomme une commission (Baillarger, Luys, Brouardel, Lunier, Mesnet, Blanche rapporteur) qui dépose son rapport le 22 janvier 1884. Discussion à l'Académie et, la même année, à la *Société médicopsychologique*.

Le 20 mai 1884, Théophile Roussel dépose au Sénat son rapport, qui est distribué le 20 mai 1885. Discussion en 1886. La loi est votée en mars 1887 et déposée à la Chambre en juin de la même année par Fallières. L'urgence est déclarée. La commission est nommée le 5 juin 1888 et Bourneville dépose, le 12 juillet 1889, un rapport qui n'est pas discuté.

Le 13 décembre 1890, J. Reinach dépose un projet de loi ; la commission nommée dépose, le 21 décembre 1891, un rapport qui n'est pas discuté.

La législature suivante, Reinach et Lafont, Lafont et Georges Berry déposent un projet. Lafont dépose un rapport le 19 février 1894, puis meurt. Le Dr Dubief, ancien directeur de l'asile de Marseille, présente un nouveau rapport le 27 novembre 1896, un autre le 23 décembre 1898 et un troisième le 1er avril 1903...

Les médecins se succèdent au ministère de l'Intérieur : Combes, Dubief lui-même, Clemenceau[1]... Et nous sommes toujours régis par la loi de 1838, dont personne n'ose cependant prendre la défense.

Un pas nouveau a cependant été fait au commencement de 1907. S'inspirant des textes de la loi votée par le Sénat en 1887 et surtout du projet Dubief[2], la Chambre a, dans ses séances des 14, 17, 21 et 22 janvier, discuté et voté (22 janvier) une loi[3] importante (que le Sénat n'a pas

1. Clemenceau a repris la question de l'internement dans son projet de loi sur les garanties de la liberté individuelle, déposé au Sénat le 16 décembre 1904 et pris en considération le 7 mars 1905 et a fait récemment une importante circulaire sur la stricte application de la loi de 1838 qu'a complétée une circulaire du ministre de la Justice. (Voir *L'Informateur des aliénistes et des neurologistes*, 1906, p. 95.)

2. On trouvera ces deux documents dans le *Bulletin de la Société d'études législatives*, 1903, t. II, p. 393.

3. J'en emprunte le texte à *L'Informateur des aliénistes et des neurologistes*, 1907, n° 2, p. 43.

encore acceptée) que j'étudierai complètement dans mon septième chapitre (4e partie).

Ici je me contenterai de citer l'article 1er ainsi conçu : « L'assistance et les soins nécessaires aux aliénés sont obligatoires » et toute la section III qui porte ce titre : « Des condamnés reconnus aliénés et des aliénés dits criminels ».

Article 35

« Les individus de l'un et l'autre sexe, condamnés à des peines afflictives et infamantes ou à des peines correctionnelles de plus d'un an et un jour d'emprisonnement, qui sont reconnus épileptiques ou aliénés pendant qu'ils subissent leur peine et dont l'état d'épilepsie ou d'aliénation a été constaté par un certificat du médecin de l'établissement pénitentiaire, sont, après avis du médecin désigné par le préfet, détenus jusqu'à leur guérison ou jusqu'à l'expiration de leur peine dans les asiles ou quartiers de sûreté. Les autres condamnés épileptiques ou aliénés sont dirigés sur l'asile départemental, en vertu d'une décision du ministre de l'Intérieur.

« Chaque année, le ministre de l'Intérieur prescrit une inspection dans les prisons civiles et militaires aux fins d'examen des détenus qui pourraient se trouver dans les conditions prévues au présent article. »

Article 36

« Tout inculpé, prévenu ou accusé qui, à raison de son état d'aliénation mentale au moment de l'action, a été, à la suite d'une déclaration d'irresponsabilité, l'objet soit d'une ordonnance ou d'un arrêt de non-lieu, soit d'un jugement ou arrêt d'acquittement rendu par la juridiction correctionnelle, soit d'un acquittement en Conseil de guerre ou en Cour d'assises, est renvoyé devant le Tribunal siégeant dans le même arrondissement que la juridiction de répression.

« Ce Tribunal, en chambre du Conseil, le procureur de la République entendu, ordonnera son internement dans un établissement d'aliénés, soit dans un asile ou quartier de sûreté, si son état est de nature à compromettre la sécurité, la décence ou la tranquillité publiques, sa propre sûreté ou sa guérison.

« La décision, par laquelle le prévenu ou l'accusé déclaré irresponsable est renvoyé devant le Tribunal, interdit sa mise en liberté et ordonne qu'il sera retenu jusqu'à la décision du Tribunal, soit dans un établissement public d'aliénés, soit dans un établissement privé faisant fonction d'établissement public, soit dans le local d'observation et de dépôt provisoire établi à l'hôpital ou à l'hospice, conformément à l'article 28 [1].

1. Voici l'article 28 :
« Dans aucun cas, les aliénés dirigés sur un asile ne peuvent être ni conduits avec des condamnés ou des prévenus, ni déposés dans une prison. Lorsque, pendant le voyage de

« Le Tribunal est saisi par l'ordonnance, le jugement ou l'arrêt qui prononce le non-lieu ou l'acquittement ou par un arrêt de la Cour d'assises, rendu en conformité du verdict déclarant l'irresponsabilité.

« Il est tenu, avant de statuer, d'ordonner une nouvelle expertise qui doit être contradictoire. »

Article 37

« En toute matière criminelle, le président, après avoir posé les questions résultant de l'acte d'accusation et des débats, avertit le jury, à peine de nullité, que s'il pense, à la majorité, que l'accusé ou l'un des accusés est irresponsable, il doit en faire la déclaration en ces termes : à la majorité, l'accusé, à raison de son état d'aliénation mentale au moment de l'action, est irresponsable. »

transport, un arrêt est indispensable, le malade est déposé dans un hospice ou hôpital civil ou, à défaut, dans un local loué à cet effet.

« Dans tout chef-lieu judiciaire où il n'existe pas d'établissement public d'aliénés, l'hospice ou l'hôpital civil qui doit recevoir provisoirement les personnes qui leur sont adressées en vertu des articles 26 et 27 est tenu d'établir et d'approprier un local d'observation et de dépôt destiné à recevoir provisoirement les aliénés non encore internés, avant ou pendant leur voyage de transport à l'asile.

« L'organisation et le fonctionnement de ces quartiers ou locaux sont à la charge du département et confiés au préfet. »

Des deux articles visés dans le précédent, on trouvera l'article 27 plus loin (p. 25 en note) et l'article 26 réglemente les placements d'aliénés dans les asiles par ordre du préfet ou placements d'office.

Article 38

« L'État fera construire ou approprier un ou plusieurs asiles ou quartiers de sûreté pour les aliénés de l'un et l'autre sexe, qui doivent y être conduits et retenus, par les soins du ministre de l'Intérieur, en vertu de la présente loi. »

Article 39

« Pourront également être conduits et retenus dans les asiles ci-dessus spécifiés :

« 1° Les aliénés qui, placés dans un asile, y auront commis un acte qualifié crime ou délit contre les personnes ;

« 2° Les condamnés reconnus aliénés, dont il a été parlé à l'article 36 [1], lorsqu'à l'expiration de leur peine le ministre de l'Intérieur aura reconnu dangereux, soit de les remettre en liberté, soit de les transférer dans l'asile de leur département.

« Les aliénés dont il est question dans les deux paragraphes précédents seront immédiatement renvoyés devant le Tribunal de l'arrondissement du lieu où est situé l'asile, qui statuera en chambre du Conseil, dans les formes prévues à l'article 36, sur leur maintien dans l'asile ou le quartier de sûreté.

1. Voir plus haut, p. 21.

« Tout aliéné traité dans l'asile ou les asiles spéciaux créés en vertu du présent article peut être transféré dans l'asile de son département en vertu d'une décision du ministre de l'Intérieur, rendue sur la proposition motivée du médecin traitant. »

Article 40

« Lorsque la sortie d'un des aliénés internés en vertu des articles 35, 36, 39 [1] est demandée, le médecin traitant doit déclarer si l'intéressé est ou non guéri, et, en cas de guérison, s'il est ou non suspect d'une rechute de nature à compromettre la sécurité, la décence ou la tranquillité publiques et sa propre sûreté.

« La demande et la déclaration susdites sont déférées de droit au Tribunal, qui statue en chambre du Conseil dans les formes prescrites par l'article 36.

« Si la sortie n'est pas accordée, la chambre du Conseil peut décider qu'il ne sera procédé à l'examen de toute nouvelle demande qu'à l'expiration d'un délai qui ne peut se prolonger au delà de six mois.

« La sortie accordée est révocable et peut n'être que conditionnelle.

« Elle est alors soumise à des mesures de surveillance réglées par la chambre du Conseil d'après les circonstances de chaque cas particulier.

« Si ces conditions ne sont pas remplies ou s'il se produit des menaces de rechute, la réintégration immé-

1. Voir plus haut, p. 20, 21 et 23.

diate à l'asile doit être effectuée, conformément aux dispositions prescrites par les articles 14, 27 et 36 [1] de la présente loi. »

En étudiant et en commentant (chapitre VII) cette nouvelle loi, nous verrons qu'elle ne remplit pas tous les desiderata signalés par les médecins; mais cependant, telle quelle, elle constitue un progrès énorme sur la législation actuelle, au double point de vue humanitaire et scientifique.

1. L'article 36 est plus haut p. 21. Voici les articles 14 et 27 :

ARTICLE 14

« Lorsque les formalités nécessaires pour le placement d'une personne dans un établissement d'aliénés ont été remplies, si cette personne s'oppose par la force à son transport dans cet établissement, le maire ou le commissaire de police doit être requis par le demandeur au placement d'assurer ce transport suivant les prescriptions de l'article 28. En ce cas, le fonctionnaire ainsi requis doit faire procéder à l'exécution du placement, en dresser procès-verbal et le transmettre dans les vingt-quatre heures au procureur de la République.

« Si le maire ou le commissaire de police le demandent, le transport, sera effectué par les soins du personnel des établissements d'aliénés. »

(On trouvera plus haut, p. 21, en note, l'article 28 visé ci-dessus).

ARTICLE 27

« En cas de danger imminent, attesté par le certificat d'un médecin ou par la notoriété publique, les commissaires de police dans le ressort de la préfecture de police et les maires dans les autres communes ordonnent, à l'égard des personnes atteintes d'aliénation mentale, toutes les mesures provisoires nécessaires, à la condition d'en référer dans les vingt-quatre heures, au préfet, qui statue sans délai, conformément aux prescriptions de l'article précédent. »

Si en effet elle ne dit rien de la responsabilité atténuée, elle prononce plusieurs fois le mot « responsabilité », admet un verdict d'irresponsabilité...

Il semblait donc, au début de 1907, que l'année s'ouvrait sur une victoire législative des médecins dans cette question de la responsabilité des criminels. Dans cette guerre de cent ans qu'ils avaient soutenue pour démontrer l'insuffisance de l'article 64, ils semblaient n'avoir plus qu'à donner un dernier coup d'épaule pour établir définitivement, au nom de la sociologie et de la psychiatrie, l'importance incontestée de la responsabilité médicolégale des criminels.

L'occasion s'annonçait bonne pour proclamer le triomphe et achever la déroute de nos adversaires; au mois d'août, un Congrès de médecins spécialistes (aliénistes et neurologistes) allait se réunir à Genève; la question de la responsabilité dans ses rapports avec l'expertise médicolégale était à l'ordre du jour; le rapporteur était un des experts psychiatres les plus éminents de la Faculté de Paris. On pouvait penser que les médecins experts, ainsi solennellement réunis, constateraient avec joie le commencement de leur triomphe en marquant tous les progrès qui restaient encore à accomplir pour mettre la loi en correspondance complète avec l'état actuel de la sociologie et de la psychiatrie...

Le Congrès a en effet eu lieu, le rapport, très brillant, a été déposé, exposé, discuté et les experts assemblés ont voté... que l'on avait tort de consulter les médecins sur la responsabilité des criminels, qu'il fallait s'en tenir à l'article 64 dans lequel le mot responsabilité n'est pas prononcé. Et personne n'a parlé de la loi votée par la Chambre au mois de janvier précédent.

4. — Le Rapport de Gilbert Ballet et le vœu du Congrès de Genève.

Déjà, dans la grande discussion qui avait eu lieu à la *Société générale des prisons* [1] en 1904-1905, Gilbert Ballet avait magistralement exposé ses idées [2], au milieu des applaudissements de l'assistance, composée de magistrats, d'avocats et de médecins éminents.

Au Congrès des médecins aliénistes et neurologistes de langue française tenu à Lille en août 1906, Gilbert Ballet proposa, pour être rapportée au Congrès de 1907, la question suivante : *en*

1. *Revue pénitentiaire*, 1905, pp. 43, 186, 313 et 413.

2. Voir plus loin, chapitre V, 3e partie.

matière d'expertise mentale, les questions de responsabilité sont-elles du domaine médical ? Cette question fut acceptée sous ce titre : « l'expertise médicale et la question de responsabilité. » Gilbert Ballet accepta d'être rapporteur et dans ce rapport (que j'étudierai et discuterai dans le chapitre V) développa les idées qu'il avait exposées à la *Société générale des prisons.*

Au Congrès de Genève-Lausanne, le 1er août 1907, à Genève, ce rapport a été brillamment exposé et soutenu par son auteur ; la discussion a occupé toute la séance de ce jour et, le 5 août, à Lausanne, on a voté, sans nouvelle discussion, sur le vœu suivant, proposé par Ballet :

« Le Congrès...

« Considérant :

« 1° Que l'article 64 du Code pénal en vertu duquel les experts sont commis pour examiner les délinquants ou inculpés suspectés de troubles mentaux, dit simplement qu'il n'y a ni crime, ni délit lorsque le prévenu était en état de démence au moment de l'action ; que le mot de responsabilité n'est pas écrit ;

« 2° Que les questions de responsabilité, qu'il s'agisse de la responsabilité morale ou de la responsabilité sociale, sont d'ordre métaphysique ou juridique, non d'ordre médical ;

« 3° Que le médecin, seul compétent pour se prononcer sur la réalité et la nature des troubles mentaux chez les inculpés et sur le rôle que ces troubles ont pu jouer *sur* les déterminations et les actes desdits inculpés, n'a pas à connaître de ces questions ;

« Émet le vœu :

« Que les magistrats, dans leurs ordonnances, leurs jugements ou leurs arrêts, s'en tiennent au texte de l'article 64 du Code pénal et ne demandent pas au médecin expert de résoudre lesdites questions qui excèdent sa compétence. »

J'ai essayé de combattre les conclusions du rapport et proposé le vœu suivant :

« Le Congrès...

« Émet le vœu :

« 1° Que dans la loi française soit expressément introduite la notion de *responsabilité,* d'irresponsabilité et de responsabilité atténuée, en précisant que ce mot est pris exclusivement dans le sens de responsabilité *médicale ;*

« 2° Que la loi permette que, dans certaines circonstances, le jugement *ordonne,* comme complément ou en remplacement de la peine, le traitement *obligatoire,* dans des établissements spéciaux, des condamnés dont la responsabilité a été reconnue atténuée ou abolie. »

Le vœu de Gilbert Ballet a été voté « par 26 voix contre 18 [1] ».

5. — Sus aux criminels, malades ou non ! Pas de sensiblerie ! Les médecins hors du prétoire !

A première vue, la discussion du Congrès de Genève paraissait être une querelle de mots, une bataille académique sans grande portée sociale et sans retentissement sur le grand public et dans la presse extramédicale. Et Gilbert Ballet a pu dire dans *Le Figaro* du 7 septembre qu'il ne s'était agi là que d'une « chose très simple », que « vraiment » il n'y avait « pas là de quoi émouvoir l'opinion publique ».

En fait, il en a été tout autrement. L'opinion publique a été fortement émue et je peux bien dire que cette émotion a moins surpris les contradicteurs de Gilbert Ballet que Gilbert Ballet lui-même.

Dès le 20 août, *le Matin* faisait, en première page, un grand article sous ces titres sensationnels :

C'EST LA FAILLITE DE LA JUSTICE SCIENTIFIQUE

Les médecins avouent qu'ils ignorent si les criminels sont ou non responsables.

« Depuis quelque temps, tous les criminels

1 *L'Encéphale*, 1907, p. 189.

apportent devant la justice la même excuse : l'irresponsabilité. Dès qu'un assassin est arrêté, un avocat se précipite chez le juge d'instruction... Le juge commet un médecin expert, deux médecins experts, trois médecins experts qui se mettent à palper le crâne du sujet, à chercher dans les lignes de ses mains, dans l'écartement de ses oreilles ou la forme de ses dents les preuves de son irresponsabilité... Puis on décide qu'il est un irresponsable ou un demiresponsable ou un quart de responsable... Le rôle du juge disparaît. Le médecin envahit tout... Tout notre système judiciaire n'a plus qu'une base : l'infaillibilité du médecin.

« Cette base vient de s'écrouler. Au dernier Congrès...les médecins ont avoué qu'ils ne pouvaient pas se prononcer scientifiquement sur la responsabilité morale des accusés... Ce vœu semble devoir révolutionner de fond en comble nos mœurs judiciaires. En effet, c'est la faillite de toute une théorie sur laquelle la justice criminelle a fondé depuis quinze ans toutes ses sentences. »

Et, le lendemain, dans le même journal, « un magistrat » écrit : « soyez sûr que l'immense majorité des magistrats applaudira à l'initiative prise par les médecins réunis à Genève et à Lausanne... » En réalité, ce sont « les experts aliénistes qui, petit à petit, poussés par un zèle tout scientifique, sont arrivés à dépasser les bornes de la mission qui leur était confiée, créant ainsi l'état de choses contre lequel ils protestent aujourd'hui... Qui parle de responsabilité entière, mitigée, atténuée ? Les experts ! Et cela de leur propre mouvement... Nous sommes donc complètement d'accord avec les congressistes. Et cela est si vrai qu'au cours de ces dernières années on compte nombre de cas où des accusés à responsabilité limitée ont été frappés avec autant de sévérité que s'ils avaient été déclarés sains d'esprit [1]... » Et le journaliste conclut : « quelque chose va changer dans le temple de Thémis. »

Ernest Renauld, dans *Le Soleil* du 24 août, intitule son article de tête :

1. « C'est la preuve, continue le même correspondant, que les magistrats n'ont pas attendu le vœu du Congrès de Genève pour faire connaître leur manière de voir. » On ne peut pas raisonner plus juste. Avant le Congrès de Genève nous considérions tous comme une monstruosité que des magistrats condamnent avec la même sévérité, c'est-à-dire par les mêmes moyens, un sain d'esprit et un dégénéré à responsabilité atténuée. Depuis le Congrès de Genève ce n'est plus une monstruosité, c'est régulier, c'est normal. Les magistrats, contempteurs de l'avis médical, peuvent se féliciter d'avoir été des précurseurs et d'être entièrement justifiés par les deux tiers des aliénistes et neurologistes des pays de langue française.

HIPPOCRATE DIT OUI, MAIS GALIEN DIT NON

«... Naturellement ils ne sont pas d'accord... Hier les médecins disaient bleu; aujourd'hui ils disent blanc ; hier, ils se prononçaient sur la responsabilité des criminels ; aujourd'hui ils reconnaissent qu'ils ne le peuvent pas scientifiquement. Ce n'est pas plus compliqué que cela. Ces messieurs avouent qu'ils se sont trompés ; dans des rapports savants — ô combien ! — ils ont déclaré... et maintenant messieurs les médecins viennent nous dire qu'il y a maldonne... On avouera tout de même que l'on ne sait plus à qui se fier désormais. Par un faux système un autre faux système est détruit. Pendant un certain temps le corps médical condamne la tomate et un beau jour il réhabilite la tomate... C'est pour en arriver là que l'exercice de la médecine a été enlevé aux rebouteux et autres sorciers et monopolisé par nos modernes Esculapes...

« Leur science est infaillible, vous dis-je, et dans la question de la responsabilité morale des criminels ou des non criminels, qui est pourtant de leur ressort, vous verrez que les magistrats, qui n'y connaissent rien, devront se prononcer en attendant que les médecins se prononcent sur des points de droit qu'ils ne connaissent pas davantage... c'est la faillite de toute une théorie sur laquelle la justice criminelle a basé ses sentences depuis de longues années... La conclusion est que les médecins —je veux dire certains médecins— en prennent trop à leur aise depuis qu'ils jouissent de l'exercice légal de la médecine. »

Voilà certes une conclusion que Gilbert Ballet ne s'attendait pas à voir sortir de son rapport.

Les critiques moins ironistes ont produit aussi des arguments graves que nous retrouverons et discuterons dans les chapitres V et VI (3e partie); et on développe de nouveau des théories déjà émises par des hommes éminents et que l'on peut résumer en quelques mots : la société n'a qu'à se défendre [1] contre ceux qui lui nuisent, sans se préoccuper de savoir s'ils sont responsables ou non, s'ils sont ou non malades dans leur psychisme ; quand un chien est enragé, on le tue ;

1. « Se défendre, tout est là ! qu'un malfaiteur soit fou, qu'il soit conscient, que sa responsabilité aggrave ou diminue sa culpabilité, ce qui compte, dans tous les cas, c'est le péril qu'il représente pour ses semblables. . C'est bel et bon de soupirer philosophiquement : pauvres apaches ! Il serait temps d'écarter des procès criminels les questions de responsabilité, qui inspirent aux honnêtes citoyens cette pensée plus grave : pauvre nous ! » L. FABER. *Le Petit Marseillais*, 15 juin 1907.

pas de sensiblerie [1] ! Les assassins n'ont pas eu pitié de leurs victimes ; ils n'ont pas droit à la nôtre [2]. On a bien fait de supprimer la torture ; mais, maintenant qu'il n'y a plus de ces moyens inélégants, peu importe que le criminel puni soit ou non responsable ou malade. Le prétoire appar-

1. On ne reprochera pas aux Marocains cette malheureuse sensiblerie vis-à-vis des criminels, s'il faut en croire la dépêche suivante insérée dans *Le Petit Méridional* du 25 septembre 1907 :

« LE MAGHZEN ORDONNE DES ÉCONOMIES

« *A Tanger on supprime le pain et l'eau aux prisonniers.* »

« Paris, 25 septembre.

« On lit dans *Le Temps :* le maghzen a donné l'ordre aux autorités de toutes les villes de faire le plus d'économies possible dans les services publics. A Tanger, on a jugé qu'une de ces économies pourrait résulter de la suppression pure et simple du pain et de l'eau qu'on distribue aux prisonniers. » Rien de plus logique si l'on admet que le fait d'être criminel et nuisible à la société enlève à un homme tout droit à la compassion et à l'humanité. Mais alors du moins vaudrait-il mieux étrangler ces malheureux tout de suite ; « la suppression pure et simple » de la vie vaudrait mieux que celle « du pain et de l'eau » et d'ailleurs débarrasserait la société bien plus sûrement et bien plus vite, atteindrait donc bien mieux le seul but poursuivi par nos adversaires.

2. « La théorie du Congrès de Genève, m'écrit Henry Bordeaux, était la réaction toute naturelle contre cette manie d'irresponsabilité qui nous avait saisis et contre un humanitarisme et une sensiblerie qui ne s'exerçaient qu'au profit des criminels et jamais des victimes. »

tient aux magistrats; il faut en exclure et en chasser les médecins qui avaient trop de tendance à l'envahir. Si les médecins font mine de vouloir quitter leur laboratoire, on les rappellera à l'ordre et à la raison; et, au besoin, s'ils insistent, on rouvrira pour eux les asiles devenus inutiles pour les aliénés criminels. Car il n'y a qu'un bon et sûr moyen de se garantir définitivement contre les préjudices que causent les irresponsables à la société : c'est de les guillotiner ou même, s'il y a flagrant délit, de les lyncher !

Ce n'est pas seulement d'un siècle qu'on veut faire reculer la société; ce n'est pas à 1810 qu'on veut faire rétrograder la loi. On veut nous ramener au milieu du XVIIIe siècle avant que Pinel ait brisé les chaînes des aliénés !

Comme les circonstances atténuantes en général sont elles-mêmes une conquête, trop audacieuse et trop avancée, du XIXe siècle, beaucoup demandent qu'on les supprime comme les questions de responsabilité.

L'Éclair de Montpellier a récemment publié la dépêche suivante, datée de Chicago (19 septembre 1907) : « La grâce de Soleilland a provoqué en Amérique des polémiques sur l'utilité de la peine de mort. L'attorney général Bonaparte, qui, dans le cabinet du président Roosevelt, exerce des fonctions qui équivalent à celles de ministre de la Justice, s'en est occupé à son tour hier à l'assemblée nationale des gardiens de prisons. La peine de mort doit être infligée à tous les criminels. La société moderne doit cesser de nourrir et d'abriter ses ennemis invétérés. Toute tentative de crime doit être aussi sévèrement punie que si le crime avait été accompli. Le criminel devra être par le fait même condamné à mort sans discuter les circonstances atténuantes. »

Il serait ridicule de rattacher au rapport de Gilbert Ballet cet affolement grégaire qui fait disparaître tous les principes d'humanité les plus élémentaires pour ne laisser place qu'aux pires inspirations de la peur et à la hantise de la seule redoutabilité du criminel. Mais il n'est pas ridicule de rapprocher ces opinions populaires des idées votées à Genève parce que les unes et les autres procèdent d'un même état d'âme, contre lequel on eût aimé voir protester l'unanimité des médecins.

A l'étranger, au contraire, au même moment, on s'occupe de tous les côtés à mettre la législation en rapport avec la science contemporaine, au lieu de demander le retour aux articles surannés de l'ancien Code.

Voici notamment ce que disait M. van Raalte, ministre de la Justice de Hollande, à l'ouverture du Congrès d'Amsterdam[1] : « en ce qui concerne le traitement par le législateur national des criminels adultes, les débats de ce Congrès[2] seront d'une grande actualité. Je pense à la procédure à l'égard des personnes de responsabilité atténuée qu'un auteur français, dans un ouvrage récent, comprend sous le terme général de *demifous, demiresponsables*, sujet qui récemment entre les jurisconsultes néerlandais a donné lieu à d'intéressantes discussions. Et ce n'est pas un secret que le ministre de la Justice s'occupe en ce moment des études préparatoires nécessaires pour que la législation, en se conformant aux idées modernes sur le traitement des *aliénés dangereux*, reconnaisse, dans l'intérêt de l'individu et dans l'intérêt de la société, que pour les malheureux la solution du problème doit être cherchée dans l'assistance plutôt que dans la peine[3]. »

1. *L'Informateur des aliénistes et des neurologistes*, 1907, p. 254.

2 Voir, dans les travaux de ce Congrès, les rapports de Morel sur le traitement des aliénés délinquants et le service de médecine mentale dans les prisons et de van Hamel sur le traitement des aliénés ayant comparu en justice. *L'Encéphale*, 1907, pp. 347 et 350.

3. Sur ce mouvement d'opinion et de travaux à l'étranger, voir aussi la communication de Zangger, de Zurich, au Congrès

Nobles paroles qui dépeignent un état d'âme tout autre que celui décrit dans ce paragraphe!

6. — Position actuelle de la question.

Il est temps de conclure ce chapitre, peut-être trop long, mais nécessaire, d'historique, qui résume l'évolution de l'idée de responsabilité des criminels dans ces derniers cent ans et permet de montrer nettement où en est la question, dans quels termes précis elle se pose en France, angoissante et difficile, à l'heure où je commence ce plaidoyer, au nom de la minorité du Congrès de Genève.

Il est facile de voir ce qui est acquis et ce qui ne l'est pas.

1° Le sort des aliénés criminels paraît réglé ou du moins il le sera suffisamment quand la nouvelle loi, votée par la Chambre, aura été adoptée par le Sénat: nous verrons qu'avec cette loi le principe de l'assistance des aliénés est reconnu en

de Genève (*Revue neurologique*, 1907, p. 868); PAUL SERIEUX. Les établissements spéciaux pour aliénés criminels en Allemagne. *Revue de médecine légale psychiatrique et d'anthropologie criminelle*, 1906, pp. 8 et 149; CULLERE. La maison de réforme d'Elvira de l'État de New-York. *Annales médicopsychologiques*, 1906, p. 66.

même temps que les droits de défense de la société et sauvegardé par le traitement obligatoire.

Mais pour les demifous rien n'est fait ni proposé. Voici donc la première question qui se pose : la société veut-elle ou non se désintéresser de ces pauvres malades et, du jour où ils sont devenus nuisibles et dangereux, les assimiler complètement aux criminels ordinaires, employer vis-à-vis d'eux les mêmes moyens de protection et de défense, oublier, quand il s'agit de ces malades psychiques, tous les devoirs qu'elle se reconnaît vis-à-vis des autres malades, tuberculeux ou accidentés du travail?

2° Un autre point semble également acquis malgré les attaques et les controverses : c'est la tendance sociale à l'individualisation de la peine dans la loi, c'est la tendance à ne plus tenir compte exclusivement du *crime* et à tenir compte aussi du *criminel* dans chaque cas particulier. Sans dire que ceci est admis de tout le monde, on peut soutenir cette manière de voir sans soulever trop d'objections et de colères.

Mais alors se pose une question, qui est la seconde à résoudre actuellement : si l'on admet qu'on doive dans chaque cas se rendre compte et tenir compte de la responsabilité du criminel, à qui incombe et faut-il confier la mission d'étudier, d'analyser et de préciser cette responsabilité ? Est-ce ou non au médecin ?

Voilà les deux principales questions que je veux essayer de mettre au point dans ce livre :

1° Faut-il traiter les demifous criminels comme les criminels bien portants ?

2° A qui faut-il confier la mission d'apprécier le degré de responsabilité des criminels ?

Il est absolument indispensable de commencer par essayer de définir les divers sens dans lesquels on peut prendre le mot responsabilité et le sens dans lequel nous proposons de le prendre dans les expertises.

Ce sera l'objet du chapitre suivant.

DEUXIÈME PARTIE
EXPOSÉ DE LA DOCTRINE

CHAPITRE DEUXIÈME

LES DIVERS SENS DU MOT RESPONSABILITÉ

La responsabilité physiologique; sens médical du mot responsabilité.

7. Impossibilité de conserver au mot responsabilité uniquement son sens philosophique ancien. Nécessité actuelle d'accoler toujours une épithète au mot responsabilité. — 8. La responsabilité morale, solidaire du libre arbitre. — 9. La responsabilité sociale ou culpabilité. — 10. La responsabilité au sens médical ou responsabilité physiologique : elle exprime la normalité des neurones psychiques. — 11. La responsabilité physiologique ou médicale est distincte de la responsabilité morale et de la responsabilité sociale et indépendante de toutes les doctrines philosophiques ou religieuses. — 12. Conclusions. Les trois espèces de responsabilité. Rôle et mission du médecin.

7. — Impossibilité de conserver au mot responsabilité uniquement son sens philosophique ancien. Nécessité actuelle d'accoler toujours une épithète au mot reponsabilité.

Quoique le mot responsabilité ne soit pas prononcé dans le Code pénal actuel, *en fait*, jusque dans ces derniers temps, les magistrats ont souvent demandé et les médecins ont souvent accepté d'étudier et d'apprécier la responsabilité d'un criminel.

Dans quel sens est pris alors le mot responsabilité dans ces jugements et dans ces rapports médicolégaux ? Voilà la première question que doit se poser le médecin[1].

Pour s'éclairer, le médecin s'adresse naturellement tout d'abord aux *philosophes* et leur demande une définition. Malheureusement il se trouve que les philosophes sont parfois aussi en désaccord que les médecins et on tremble en voyant le couperet de la guillotine retenu par un fil qui a la solidité d'un système philosophique.

Ce qui explique les divergences d'opinion des philosophes sur cette question, c'est qu'en philosophie l'idée de responsabilité est intimement liée à l'idée qu'on se fait de la *liberté individuelle* ou du *libre arbitre* ; on prévoit dès lors les opinions les plus disparates sur la responsabilité, puisqu'on est si peu d'accord sur le libre arbitre.

« Un être est responsable, dit Goblot dans son *Vocabulaire philosophique*, quand il doit répondre de ses actes, quand il est légitime de s'en pren-

1. Voir : Le problème physiopathologique de la responsabilité. *Journal de psychologie normale et pathologique*, 1905, p. 97.

dre à lui, s'ils sont mauvais. » Et il ajoute : « la responsabilité semble présupposer le libre arbitre. Un être dont les actions sont nécessaires peut être considéré comme l'instrument des forces qui le déterminent et ses actes ne lui sont pas plus imputables qu'un meurtre n'est imputable au couteau et à la fiole de poison. La responsabilité remonte nécessairement de cause seconde en cause seconde et ne s'arrête qu'à une cause première, par exemple un acte libre. »

Donc, la notion de responsabilité dépend entièrement de l'idée qu'on se fait de la liberté. Or, sur ce dernier point, l'école contemporaine renferme des hommes extrêmement distingués, les plus distingués je peux dire, qui nient le libre arbitre, dont les doctrines aboutissent à la négation de la liberté.

Toutes les doctrines modernes basées sur l'évolution montrent les transitions insensibles du caillou à l'amibe et de l'amibe à l'homme. Or, le déterminisme est certain dans le monde minéral ; donc, nous le retrouverons, plus ou moins complexe, mais aussi absolu dans son essence, chez l'homme[1].

1. Voir : *Les limites de la biologie*. Bibliothèque de philosophie contemporaine, 5e édition avec une préface de PAUL BOURGET, p. 23.

Herbert Spencer a admirablement développé cette idée. « Une conduite où la moralité n'intervient pas se transforme par des degrés insensibles et de mille manières en une conduite morale ou immorale. » Que signifient les mots *bon, mauvais ?* « La conduite est bonne ou mauvaise suivant que les actes spéciaux qui la composent, bien ou mal appropriés à des fins spéciales, peuvent conduire ou non à la fin générale de la conservation de l'individu » et « de la vie de l'espèce ».

De même, Le Dantec étudie la volonté des plastides et remonte ensuite jusqu'à l'homme : « le passage graduel et raisonné des protozoaires à l'homme autorise l'extension du principe de l'inertie à tous les corps de la nature. » Tout est déterminé chez l'homme ; rien n'est libre ; nous n'avons que l'« illusion de la volonté ».

« Ayons donc, dit Duprat, la franchise de dire, d'enseigner que la liberté, telle qu'on la conçoit trop souvent, est une illusion due, comme Spinoza l'avait pressenti, à l'ignorance de la plupart des causes déterminantes de nos décisions. »

Pour Schopenhauer, les « actes humains sont absolument déterminés... La volonté est un phénomène de même ordre que les réactions du monde inorganique ».

Pierre Laffitte : « le résultat le plus fondamental du développement de la science est que tous les phénomènes sont soumis à des lois invariables, depuis les phénomènes géométriques jusqu'à ceux de l'homme et de la société. »

Büchner : « l'homme, comme être physique et intelligent, est l'ouvrage de la nature. Il s'ensuit par conséquent que non seulement tout son être, mais aussi ses actions, sa pensée et ses sentiments sont fatalement soumis aux lois qui régissent l'univers. »

Fouillée cite ce passage de Jean Weber : « la loi morale est le plus insolent empiétement du monde de l'intelligence sur la spontanéité... le devoir n'est que la tyrannie des vieilleries à l'égard de la nouveauté. » « La vraie morale est celle du fait... le fait accompli emporte toujours toute admiration et tout amour, puisque l'univers qui peut le juger est à ce moment conséquence de ce fait. Ainsi nous appelons *bien* ce qui a triomphé... La raison du plus fort est toujours la meilleure : cette proposition voudrait être une audace ; ce n'est qu'une naïveté. »

On trouvera peut-être un peu brutale l'expression de cette doctrine qui est la justification de tous les coups d'État, de toutes les inquisitions et de toutes les persécutions. Mais voici (pour finir) la conclusion de *La morale scientifique*, exposée par Albert Bayet.

Sur les ruines de l'ancienne morale métaphysique ou religieuse, l'auteur cherche à élever, sur le déterminisme le plus absolu, une *science* des mœurs [1] (étude des *faits* et des seuls faits moraux) ; d'où on déduit un *art* moral, science d'application ou mieux science des mœurs appliquée. Il rencontre naturellement dans son exposé l'idée de responsabilité individuelle. Il considère « avec un soin particulier » cette idée « sainte, mais vieillie », « principe et fondement de la morale classique ». Il lui semble que cette idée « craque », et qu'on en peut, « sans témérité, prévoir la disparition ». « Dès l'instant, ajoute-t-il, qu'on admet, dans le monde social, l'existence de lois en tout point semblables à celles qui régissent la chute d'une pierre, il est aussi puéril de rendre un individu, quel qu'il soit, responsable de ses actes, que de blâmer l'arbre chétif ou de féliciter l'arbre vigoureux. Toute tentative en vue d'atténuer la rigueur de cette conséquence est foncièrement antiscientifique. »

Je n'expose pas ces doctrines philosophiques

1. Voir : LEVY BRUHL. *La morale et la science des mœurs*. Bibliothèque de philosophie contemporaine, 1903.

pour les discuter. Je n'ai donc pas à rechercher si tous les philosophes contemporains, partant des mêmes idées expérimentales, aboutissent aux mêmes conclusions avec une logique aussi impitoyable. Je veux simplement établir (et l'entreprise paraîtra peut-être superflue, tant la proposition est évidente) que ces doctrines déterministes existent, sont courantes dans la philosophie contemporaine et aboutissent nettement à la négation de la responsabilité.

En cherchant un point d'appui dans la philosophie pour éclairer son idée de la responsabilité, le médecin expert rencontrera donc ces doctrines. Il a le droit de les adopter. En fait, je crois que beaucoup de médecins partagent cette manière de voir et n'admettent pas la liberté individuelle, le libre arbitre; pour eux tout est déterminisme. Mais alors comment peuvent-ils consentir seulement à étudier la question que leur pose le magistrat : un tel est-il ou non, *responsable* de tel acte ?

Il faut noter que la difficulté ne se présente pas seulement pour le médecin. Si, comme le veut la majorité des experts de Genève, ce n'est pas aux médecins qu'appartiennent ces questions, la question n'est pas supprimée pour cela ; elle se posera devant les magistrats (jurés ou juges) :

Gilbert Ballet ne le nie pas et la nouvelle loi sur les aliénés va en faire une obligation. Or, les magistrats ont le droit d'être déterministes comme les médecins. Et alors ?... Comment appliqueront-ils l'article 37 de la nouvelle loi qui oblige les jurés à déclarer, quand il y a lieu, « à peine de nullité » que l'accusé est « irresponsable » [1] ?

Donc (je me permets d'insister sur cette considération, trop méconnue) la question n'est pas seulement une question médicale ; le débat dépasse la discussion du Congrès de Genève : que les médecins soient ou non dépossédés de leur droit d'étudier la responsabilité des criminels, il est impossible de conserver actuellement au mot responsabilité son sens philosophique ancien, qui en fait une notion absolument solidaire de la notion de libre arbitre.

Que le libre arbitre soit une illusion ou une réalité, la justice doit, dans bien des cas, tenir compte de la responsabilité ou de l'irresponsabilité des criminels.

Comment sortir de cette impasse ?

Une première solution consisterait à laisser au mot responsabilité son vieux sens philosophique,

1. Voir plus haut p. 22 et plus loin chapitre VII.

à le livrer ainsi aux vaines et théoriques disputes des hommes et à trouver un mot nouveau et meilleur pour désigner cette responsabilité des criminels que les experts et les magistrats les plus déterministes ont accepté d'étudier et d'apprécier jusqu'à aujourd'hui.

Je crois que c'était là le fond de la pensée de beaucoup des aliénistes qui ont voté le vœu de Gilbert Ballet à Genève.

« En somme, dit Roubinovitch dans *Le Matin* (21 août 1907), on voudrait remplacer le mot *responsabilité* par un autre terme, celui-ci par exemple: *l'aptitude à agir raisonnablement* qui résulte de l'état mental du sujet. » Au Congrès de Genève, tout le monde a été d'avis, dans la minorité comme dans la majorité, que, le jour où on proposerait un meilleur mot, nous abandonnerions volontiers celui de responsabilité [1]. « Si l'on se décidait, a dit Joffroy [2], à remplacer le mot *responsabilité* par un terme différent, les divergences entre les auteurs seraient peut-être moins accusées qu'elles

1. Dans *Le Figaro* du 7 septembre 1907, Gilbert Ballet dit que ma « conviction » « semble faiblir » puisque maintenant j'accepterais qu'on remplaçât le mot responsabilité par un autre. Dans ma communication au Congrès de Genève (1er août 1907) je me déclarais déjà prêt à ne plus employer le mot responsabilité « pourvu qu'on propose un mot meilleur ».

2. *Revue neurologique*, 1907, p. 863.

ne le semblent en apparence et M. Ballet et M. Grasset sont plus près de s'entendre qu'ils semblent le dire. » Et notre éminent collègue de Paris nous demande, à Gilbert Ballet et à moi, un autre terme, un mot nouveau, qu'il « adopterait avec plaisir » pour remplacer le mot responsabilité.

Malheureusement ni nous ni d'autres n'avons encore[1] proposé de mot nouveau, meilleur que celui de responsabilité, qui est, depuis longtemps, dans le langage courant du public, des magistrats et des médecins. La meilleure preuve qu'il n'est pas près d'en sortir, c'est que la loi de janvier 1907 va lui donner vraiment une existence officielle et légale.

Donc, il faut jusqu'à nouvel ordre conserver le mot responsabilité ; mais il reste acquis qu'il ne faut pas lui laisser son seul sens philosophique antique qui le solidarise avec la notion du libre arbitre. Que faire pour résoudre cette difficulté ?

Il suffit, non de changer le sens du mot responsabilité, mais de reconnaître que les philoso-

1. Salcilles emploie souvent le mot de *capacité pénale* ou *d'aptitude psychologique à la peine* (*loco cit.*, p. 131). Nous verrons (24, chapitre V, 2ᵉ partie) que Régis emploie le mot *capacité mentale* et que Bard propose le mot *discernement* et Dupré, le mot *faillibilité*.

phes, les magistrats et les médecins ne prennent pas le mot responsabilité dans le même sens, que par conséquent ce mot a plusieurs sens divers, qu'il faut préciser ces sens et que, pour éviter toute confusion, on n'emploiera plus ce mot à l'avenir qu'*avec une épithète*, qui indiquera le sens qu'on lui donne dans le cas particulier.

Autrefois, tant qu'il n'y avait qu'une philosophie, en quelque sorte « légale », le mot responsabilité pouvait n'avoir qu'un sens, le sens philosophique de la doctrine officielle ; alors les deux notions de responsabilité et de libre arbitre étaient solidaires ; personne ne concevait l'une sans l'autre et personne ne s'en plaignait et n'en pâtissait, pas plus les criminels que les magistrats.

Aujourd'hui il n'en est plus ainsi ; et alors, comme le dit excellemment Gilbert Ballet à la page 3 de son *Rapport* au Congrès de Genève, « le mot responsabilité n'a de sens qu'autant qu'on en précise la signification par une épithète ».

Je suis absolument de cet avis et, avec Gilbert Ballet, j'admets que pour préciser cela, il faut admettre et distinguer une responsabilité *morale* et une responsabilité *sociale*. J'indiquerai dans le paragraphe suivant (8) ce qu'il faut entendre par ces mots.

Mais, où je diffère complètement d'avis avec

Gilbert Ballet (et je crois que c'est là vraiment le fond du débat entre nous) c'est sur le nombre qu'il faut admettre de responsabilités à épithètes différentes. Gilbert Ballet n'en admet que deux, la « morale » et la « sociale » ; j'en admets une troisième : la *responsabilité physiologique* ou médicale[1], la *responsabilité au sens médical*.

La démonstration de l'existence de cette responsabilité est le but de ce chapitre et le but principal de ce livre ; car toute la doctrine exposée et défendue ici dérive et dépend de cette notion.

8. — La responsabilité morale, solidaire du libre arbitre.

Je crois qu'il faut appeler maintenant « responsabilité morale » ce qu'autrefois on appelait « responsabilité » tout court.

C'est ainsi que, dans le *Dictionnaire de philosophie* (1906) de l'abbé Elie Blanc, il n'y a pas

1. L'inconvénient de l'expression « responsabilité médicale » est qu'on l'applique déjà à la « responsabilité des médecins ». Les deux applications sont si différentes que l'inconvénient me paraît mince. Mais, comme on pourrait rester impressionné par l'objection, je préfère les mots « responsabilité physiologique » ou « responsabilité au sens médical ».

d'article « responsabilité » mais seulement un article « responsabilité morale » (p. 1027) qu'on peut rapprocher de l'article « responsabilité » cité plus haut (p. 44) de Goblot, et qui est ainsi conçu : « elle consiste en ce que l'on doit imputer certains actes, avec leurs conséquences, à celui qui les exerce, parce qu'il en est la cause véritable, c'est-à-dire intelligente et libre. Sans liberté pas de responsabilité morale : car c'est par le libre arbitre que l'on est vraiment le maître de ses actes. Les déterministes essaient vainement de concilier la responsabilité proprement dite avec leur système. Si le méchant est absolument déterminé au mal, il n'en est pas l'auteur ; il n'est qu'un instrument. Malheureux, sans être coupable, il sera une victime, il subira les tristes conditions de sa nature ; mais aucune peine proprement dite ne pourra l'atteindre, parce qu'il est irresponsable. »

C'est de cette responsabilité morale que parlent Hamon (*Déterminisme et responsabilité*, 1898) dans cette phrase citée par Mairet : « la liberté morale n'existe pas ; tous les êtres sont irresponsables » ; et Ferraz (*Philosophie du devoir*) dans ce passage cité par Gilbert Ballet : « entre l'idée de la liberté morale et celle de la responsabilité, il y a une connexion étroite ; elles sont en quelque sorte inséparables et solidaires. L'homme n'est responsable de ses actes que parce qu'il en est la cause et la cause libre ; car, là où il n'y a point de liberté, il n'y a point de véritable causalité. L'homme est une cause seconde, puisque enfin il a lui-même une cause ; mais il est une cause réelle, il a l'initiative de ses actes ; il est un principe de mouvement : *sentit se moveri et vi sua moveri*, comme disaient les anciens. Il peut et sait qu'il peut produire, au milieu des innombrables phénomènes dont l'univers est le théâtre et qui vont se succédant et s'engendrant les uns les autres, une série nouvelle de phénomènes dont il est lui-même la source, qu'il a droit de s'attribuer et qu'on est en droit de lui attribuer. Sans cela il ne serait pas plus responsable des actions qu'il fait qu'un fleuve des dégâts qu'il produit, qu'un incendie des désastres qu'il cause. Il ne faudrait jamais, en aucune circonstance, se plaindre d'un homme et l'accuser. »

Gilbert Ballet ajoute : « on ne saurait exposer avec plus de précision une thèse d'ailleurs contestable. Qu'elle soit vraie ou fausse, ce que nous n'avons pas à discuter ici, nous tenons à poser en fait : 1° que lorsqu'on parle de responsabilité *morale*, le mot n'a de sens qu'autant qu'il implique la croyance au libre arbitre ; 2° que s'en servir c'est faire nécessairement incursion sur le terrain métaphysique et se solidariser avec une doctrine métaphysique. »

Voilà qui est bien établi.

Il y a une première responsabilité, la responsabilité morale, dont la conception est solidaire de la notion qu'on a du libre arbitre. C'est le sens que les philosophes donnent au mot responsabilité quand ils disputent sur ce sujet. Mais on voit clairement que c'est là un sens dans lequel *jamais* les magistrats ou les médecins ne prennent le mot responsabilité quand ils s'occupent de la responsabilité des criminels. Ils sont souvent, en tous cas ils peuvent être et ont le droit (dont ils usent largement) d'être, déterministes ; donc, quand ils demandent ou qu'ils acceptent une expertise médicolégale de responsabilité, ils ne prennent pas ce mot dans un sens qui implique la croyance au libre arbitre.

La responsabilité morale est de la compétence exclusive des philosophes ; elle n'intéresse ni les magistrats ni les médecins.

9. — La responsabilité sociale ou culpabilité.

Il ne suffit pas qu'un magistrat ait établi la *matérialité* d'un fait délictueux ou criminel pour que l'inculpé en soit reconnu *coupable*, un meurtre peut être par exemple excusé par la légitime défense, la provocation... Il faut donc que le juge tienne compte des *circonstances* du fait.

Voilà ce dont est faite la responsabilité sociale : elle est faite des éléments de culpabilité. Un individu qui tue pour défendre ou venger son honneur est moins coupable, moins responsable du meurtre que celui qui tue délibérément pour voler.

Ces considérations persistent même si on adopte les théories des criminalistes contemporains et si on admet que la société n'ayant pas le droit de punir a uniquement le droit de se défendre : la peine devient un moyen de protection en mettant le coupable hors d'état de nuire dorénavant ou au moins pour un temps et en agissant par l'exemple sur le coupable et sur ceux qui seraient tentés de l'imiter [1].

Même dans cette doctrine le juge doit tenir

1. « Cette peine vise un double but : 1° elle constitue pour le coupable une *expiation*, qui doit être proportionnée à la gravité de la *faute* ; 2° en outre elle est un exemple destiné à impressionner et à arrêter ceux qui pourraient être tentés de l'imiter. » Gilbert Ballet ajoute à cette proposition la phrase suivante de Garofalo (*Criminologie*, 3e édition, 1892) : « nul n'étant libre, nous ne punissons plus en raison du degré de liberté mais en n'ayant en vue que l'intérêt de la société et en proportionnant la peine à la redoutabilité du criminel. »

compte des circonstances du fait : tous les criminels ne sont pas également responsables devant la société, c'est-à-dire devant la justice, pour le même fait délictueux et criminel.

Il est facile de voir que l'étude et la détermination de cette responsabilité sociale n'appartiennent pas au médecin et sont exclusivement du ressort du magistrat. Ainsi dans un crime donné le médecin n'a aucun compte à tenir de *l'intention* du criminel : que ce soit pour se défendre, après une provocation ou pour voler, cela n'importe au médecin que pour l'appréciation de la santé psychique de l'accusé, tandis que pour le juré ou le magistrat ce sont des éléments d'appréciation de premier ordre pour déterminer la responsabilité sociale du criminel.

Voilà donc une deuxième responsabilité qui appartient au magistrat et qui comprend de multiples et complexes éléments tels que : la matérialité et les circonstances du fait, la force majeure, la légitime défense, la provocation, l'intention de nuire, les antécédents du sujet, son degré de nocivité antérieure...

Cette responsabilité sociale ne doit pas être confondue avec la responsabilité morale et ne suppose pas nécessairement le libre arbitre.

Falret l'a très bien dit, dans son article « Responsabilité » du *Dictionnaire encyclopédique des sciences médicales* (cité par Gilbert Ballet), « alors même qu'en théorie on affirme que l'homme n'est pas libre d'agir de telle ou telle façon dans un cas déterminé ; qu'il est fatalement entraîné à tel ou tel acte, en vertu de la puissance des mobiles qui se combinent ou se contrebalancent dans sa tête, ou en vertu de la force invincible de son organisation héréditaire ou acquise, les partisans de ces doctrines sont néanmoins obligés de conclure en pratique que la société humaine c'est-à-dire la collectivité des hommes réunis en société, a le droit de se défendre contre les entraînements individuels qui nuiraient au bien-être des autres membres de la communauté. Sans avoir la prétention d'imposer aux infracteurs des lois morales ou sociales un châtiment ayant le caractère moral d'une expiation ou le caractère pénal d'un exemple salutaire pour empêcher d'autres hommes de tomber dans la même faute (toutes choses qui supposent l'existence de la liberté humaine et de la responsabilité morale) ils sont néanmoins obligés d'accepter la responsabilité légale, c'est-à-dire le droit pour la société de se préserver contre des individus dangereux et criminels, en mettant en prison, en empêchant en un mot de nuire aux autres ceux qui ont enfreint les lois humaines et violé les prescriptions établies par la société. Que l'on se place au point de vue des écoles spiritualistes, qui admettent le libre arbitre comme base des actions humaines, de la morale et du droit, ou que l'on se place au point de vue des écoles matérialistes et fatalistes, on arrive en pratique au même résultat, c'est-à-dire au droit de la société de se protéger elle-même et à la responsabilité légale des individus qui ont commis des infractions aux lois existantes. »

La responsabilité légale de Falret est notre responsabilité sociale qui appartient aux magistrats comme la responsabilité morale appartient aux philosophes.

Ces deux espèces de responsabilité, la morale et la sociale, existent donc comme types distincts, à part ; mais elles n'épuisent pas la liste des diverses responsabilités, puisque (nous venons de le voir) ni l'une ni l'autre n'est la responsabilité au sens médical, la responsabilité telle que les médecins l'ont étudiée jusque dans ces derniers temps.

Il est temps d'essayer de préciser maintenant cette troisième espèce de responsabilité : la responsabilité physiologique ou responsabilité au sens médical.

10. — La responsabilité au sens médical ou responsabilité physiologique : elle exprime la normalité des neurones psychiques.

Puisque la voie philosophique conduit à une impasse et puisque la responsabilité sociale échappe au médecin comme la responsabilité morale, l'expert soucieux de s'instruire sur l'idée de responsabilité, doit rechercher s'il n'y a pas moyen d'arriver par une autre voie.

Cette autre voie existe : c'est la voie *physiologique* ou mieux *physiopathologique*. Le médecin peut arriver, en restant exclusivement sur son propre domaine, à se faire une idée médicale de la responsabilité, à concevoir une responsabilité physiologique ou médicale, qui n'est ni la responsabilité morale des philosophes ni la responsabilité sociale des magistrats, qui s'appuie sur le fondement solide de la science neurobiologique, n'est pas sujette aux fluctuations des systèmes philosophiques ou des théories des criminalistes et qui, en tous cas, suffit au médecin pour lui permettre de remplir son rôle d'expert.

Tout le monde admet le rôle du système nerveux dans les actes de l'homme. L'étude de la physiologie du système nerveux, qui appartient bien au médecin, est distincte et indépendante de l'étude de la philosophie ; elle en est l'introduction[1], si on veut, mais elle en reste bien séparée. L'analyse de la responsabilité médicale des criminels appartient à cette étude du système nerveux ; c'est un chapitre de la physiologie, ou plutôt de la physiopathologie du système nerveux.

Dans ces questions, le médecin n'a à s'occuper (et c'est le seul terrain sur lequel il est compétent) que de l'état du système nerveux chez le criminel, de l'état de normalité ou de maladie de ce système nerveux au moment de l'acte incriminé.

Dans tout acte voulu et délibéré il y a un jugement dans lequel l'esprit compare et pèse : d'une part, le désir qu'il a de faire et l'intérêt qu'il a à faire un acte donné, et d'autre part le devoir qu'il a de ne pas le faire et la peur du châtiment que cet acte peut lui entraîner. Les mobiles parmi lesquels le sujet a à choisir sont donc multiples, complexes, variés : notion du devoir (quelles qu'en soient philosophiquement l'origine et la nature), notion de ce qui est permis et de ce qui est défendu, crainte de la loi et du gendarme, passion, idée de lucre... Entre tous ces mobiles le sujet

1. Voir mon *Introduction physiologique à l'étude de la philosophie*. Bibliothèque de philosophie contemporaine. Préface de Benoist, 1908.

délibère plus ou moins consciemment et longuement et finit par prendre une décision et par exécuter l'acte nocif à la société, pour lequel il sera poursuivi. Dans cette délibération et cette décision interviennent nécessairement son système nerveux et spécialement ses centres les plus élevés, son cerveau et, dans le cerveau, les éléments (neurones) de l'écorce (substance grise) qui président plus spécialement aux fonctions psychiques.

La mission de l'expert consiste précisément à déterminer si l'état de son système nerveux a permis au sujet de bien peser et de bien juger ces divers mobiles et ces motifs, de hiérarchiser sainement ces éléments de décision, si l'état de son système nerveux lui a permis de savoir ce qu'il faisait, de comprendre la portée de son acte, si l'état de son système nerveux le laisse *médicalement responsable* ou le fait *médicalement irresponsable*.

En d'autres termes, quand l'expert étudie la responsabilité d'un criminel, il n'a à juger qu'une chose, c'est le *rôle du système nerveux dans la volition et dans l'acte* ; il cherche à savoir si ce rôle a été physiologique ou non, quelle était la *santé psychique* du sujet au moment de l'acte.

Ainsi comprise, *la responsabilité physiologique*

(ou au sens médical) apparaît comme une fonction de nos neurones psychiques, la responsabilité correspondant à la normalité, l'irresponsabilité à la maladie de ces neurones.

Dès lors, c'est bien au médecin que le magistrat doit, en pareille occurrence, poser cette question : ce sujet est-il ou non responsable ? C'est-à-dire, dans la bataille prévolitive qui a précédé le crime, était-il ou non dans les conditions physiologiques et normales pour discuter et décider cet acte ? était-il ou non en état de « démence » au sens *actuel* de l'article 64, c'est-à-dire était-il ou non malade ? Était-il, pour employer encore les expressions de l'article 64, dans les conditions normales nécessaires pour « résister » aux forces qui le sollicitaient vers le mal ?

Notez qu'il ne suffit pas de demander au médecin un *diagnostic*. Le médecin doit non seulement dire au magistrat la maladie du sujet (s'il en a une) ; mais il doit lui dire *l'influence que cette maladie a eue sur la fonction-responsabilité du sujet.*

Il me semble qu'en précisant ainsi le sens dans lequel les experts prennent le mot responsabilité, on évite toute confusion et on répond à la plupart des objections formulées contre ce vieux mot. On comprend d'ailleurs que, pour éviter toute hésitation dans les esprits, les magistrats dans leur demande et les médecins dans leur réponse pourraient toujours, à l'avenir, préciser expressément le sens médical qu'ils donnent exclusivement au mot responsabilité dans leur requête et dans leur rapport.

11. — La responsabilité physiologique ou médicale est distincte de la responsabilité morale et de la responsabilité sociale et indépendante de toutes les doctrines philosophiques ou religieuses.

1° Peu de mots suffisent pour montrer la différence profonde qu'il y a entre cette responsabilité au sens médical et la responsabilité *morale :* celle-ci est solidaire de la notion de libre arbitre; la première en est absolument indépendante.

1. Dans son ordonnance du 16 octobre 1907 qui me demande l'examen de l'état mental de V. G., le président du tribunal supérieur de Monaco me charge de « vérifier et dire » si l'accusé, « *au point de vue médical*, doit être considéré comme pleinement responsable ou comme irresponsable ou encore comme n'ayant qu'une responsabilité atténuée par une cause *physiologique* quelconque. » Dans tout mon Rapport j'ai souligné que je prenais toujours le mot responsabilité *au sens médical* (Voir l'*Encéphale*, 25 décembre 1907).

Les médecins déterministes les plus convaincus peuvent, aussi bien que tout autre, juger de la normalité ou de la maladie des neurones psychiques d'un criminel et dire si et dans quelle proportion cette normalité ou cette maladie ont modifié la responsabilité du sujet au moment de l'acte incriminé.

Peu importent donc les opinions de l'expert sur la question philosophique du libre arbitre et de la responsabilité morale. Pour qu'un sujet soit *médicalement* responsable d'un acte devant la société, il n'est pas nécessaire qu'il ait une saine notion du bien en soi, de l'obligation qu'il comporte, de la loi morale en un mot. Pour qu'un sujet soit médicalement responsable d'un acte devant la société, il faut et il suffit qu'il ait une saine notion de ce que permet et de ce que défend la loi *civile*, la loi écrite, que nul n'est censé ignorer et que d'ailleurs personne n'ignore dans les grandes lignes quand elle défend de s'approprier le bien d'autrui ou d'enlever la vie à son prochain.

Les différents experts peuvent concevoir différemment le *devoir moral* et l'*obligation morale devant la conscience ;* ils ne peuvent pas envisager différemment le *devoir social* et *l'obligation sociale devant la loi.*

Si à cette notion médicale de la responsabilité, comme elle est définie dans ce paragraphe, certains auteurs voulaient appliquer l'objection de Bayet (voir plus haut p. 48) et dire que, même à ce point de vue, l'homme n'est pas plus responsable que l'arbre, je dirais que c'est un raisonnement antiscientifique.

C'est, en effet, un nouvel exemple de l'éternelle confusion et du vice de raisonnement qui font si souvent aujourd'hui identifier les termes très éloignés d'une même série.

J'admets pour un moment le déterminisme complet chez l'homme : l'homme n'est pas plus libre que l'arbre ; soit. Voilà un point commun (le déterminisme) qui les rapproche (l'homme et l'arbre), mais qui ne les identifie pas. Rien ne prouve que les lois de ce déterminisme soient les mêmes pour l'arbre et pour l'homme. Pour l'arbre, la terre, l'air, l'humidité... sont les seuls éléments de détermination de sa croissance et de ses mouvements. Chez l'homme il y a des neurones psychiques dont l'activité propre intervient pour apprécier, classer et juger les mobiles et les motifs avant tout acte. C'est là un fait brut qu'il n'est nullement antiscientifique d'admettre. L'acte humain est le résultat d'un jugement entre les divers mobiles et motifs. J'appelle responsable, au point de vue biologique et médical, l'homme qui a des centres nerveux sains, en état de juger sainement la valeur comparée de ces divers mobiles et motifs. L'arbre n'ayant pas de neurones psychiques, la question ne se pose pas de chercher chez lui la persistance ou la destruction de cette responsabilité. Donc, même si on les admet rapprochés dans un déterminisme aussi absolu, l'homme et l'arbre ne sont pas comparables pour la question de la responsabilité médicale. Pour se garantir de l'arbre qui menace de vous tuer en tombant, il suffit d'établir des tuteurs assez forts sous les branches ; pour se garantir de l'homme qui menace de vous tuer, il faut lui donner des connaissances, lui inspirer des terreurs, lui fournir des mobiles et des motifs (puisés à des arsenaux variés) qui l'empêchent de commettre l'acte. Le médecin a à juger si l'homme est capable de sainement apprécier la valeur de ces divers mobiles ; il n'a rien à voir dans la question de l'arbre.

Donc, si, un jour, la nouvelle morale scientifique arrivait à supprimer la responsabilité morale devant la conscience, à supprimer le mérite et le démérite, la vertu et le vice, l'entière obligation morale, elle ne supprimerait pas la responsabilité sociale devant la loi et la société, elle ne supprimerait pas le *problème physiopathologique* de la responsabilité, le seul qui se pose devant le médecin expert.

2° La différence est aussi complète entre la responsabilité physiologique et la responsabilité *sociale*.

Comme je l'ai dit plus haut (p. 57), la responsabilité sociale ou culpabilité comprend un grand nombre d'éléments qui sont tout à fait en dehors de la responsabilité physiologique. Les circonstances du fait, la légitime défense, la provocation... n'interviennent en rien dans la responsabilité au sens médical: l'expert médecin les ignore et n'en a cure [1].

On peut dire, si l'on veut, que la responsabilité physiologique est un des éléments de la responsabilité sociale ; mais ce n'est qu'*un* des éléments. La responsabilité sociale forme une synthèse ou un faisceau dont le médecin peut fournir un élément mais que le magistrat peut seul lier et constituer.

On voit alors comment tout est ainsi bien mis au point, combien à ce point de vue le rôle des

1. Ces circonstances *extérieures* ne peuvent intéresser le médecin qu'*indirectement*, en l'aidant à mieux analyser l'état psychique de l'accusé au moment de l'acte.

experts est différent de celui des juges (magistrats ou jurés). La question posée aux jurés sur la *culpabilité* d'un sujet est toute différente de la question posée aux experts sur la *responsabilité*.

On peut être entièrement responsable (au sens médical) d'un acte dont on n'est pas coupable. Un juré peut acquitter un sujet déclaré responsable par le médecin, sans qu'il y ait de contradiction entre les deux verdicts. Mais un juré ne devrait pas pouvoir condamner un sujet que le médecin déclare irresponsable : *la responsabilité physiologique est un élément nécessaire, mais non suffisant, de la culpabilité.*

Ceci montre en passant quelle est l'erreur de ceux qui voudraient ramener toute instruction à une expertise médicolégale et remplacer les juges par des médecins [1]. C'est dire que je ne rêve pas, comme Ferri, de voir l' « audience idéale » de l'avenir devenir uniquement « une discussion scientifique sur les symptômes présentés par le délinquant, sur les circonstances qui ont précédé, accompagné ou suivi le fait et sur leur signification anthropologique [2]. » Je crois que le seul moyen de

1. Comme A. Marie (*Le Matin*, 21 août 1907), je pense que le médecin « n'a pas à se substituer au juge, dont il ne peut être que le collaborateur pour la partie vraiment médicale. »

2. Jean Cruppi. *La Cour d'assises*, 1898, p. 152.

conserver aux experts toute l'autorité à laquelle ils ont droit est de soigneusement veiller à la séparation des pouvoirs et des points de vue entre les juges et les médecins.

3° Tout aussi nettement il découle de tout ce qui précède que cette manière (médicale) de concevoir la responsabilité des criminels met la question en dehors de toutes les doctrines *métaphysiques* ou *religieuses* et que l'expertise mentale peut être faite identiquement de la même manière par le médecin *matérialiste* comme par le médecin *spiritualiste*, par le libre penseur comme par le catholique le plus orthodoxe.

Pour préciser la chose il ne faut pas reculer devant les vieux mots qui font peur.

Les spiritualistes et les matérialistes diffèrent en ce que les premiers admettent et les seconds nient l'existence dans l'homme d'un principe immatériel, distinct de nos organes, libre et immortel, qu'on appelle *âme* [1]. Mais, si les deux écoles sont ainsi opposées l'une à l'autre sur l'existence

1. Il me paraît désirable que le sens des mots ne change pas avec les doctrines de chacun : pour moi, le mot *âme* es toujours pris dans le sens que lui donnent les spiritualistes. Chacun est libre d'en discuter ou d'en nier l'existence, mais ne doit pas être libre d'en dénaturer et d'en transformer le sens traditionnel et usuel, sous prétexte d'en moderniser la notio n

ou la non-existence de cette âme, elles sont d'accord (ou peuvent et devraient être d'accord) sur cet autre point que, dans la vie, telle qu'elle est, cette âme, si elle existe, ne peut sentir, penser et agir que grâce à ses organes. En d'autres termes, pour le spiritualiste il y a deux choses à considérer dans un acte : l'âme et le système nerveux ; pour le matérialiste il n'y a que le système nerveux. Donc, pour les deux, il y a le système nerveux, qui est tout pour les uns, qui n'est qu'une partie pour les autres, mais dont le rôle est important et indispensable pour tous.

Or, le médecin expert n'a à s'occuper que de ce système nerveux, de cet appareil qui est un outil indispensable pour le spiritualiste comme pour le matérialiste. Il n'a pas à s'occuper de cet autre élément sur lequel il y a discussion entre les philosophes, l'élément âme spirituelle. Ceci ne le regarde pas.

Donc, *le médecin peut et doit analyser et apprécier la responsabilité d'un sujet, absolument de la même manière, qu'il soit spiritualiste ou matérialiste*.

Donc, en adoptant le sens médical pour la responsabilité des criminels, le médecin, qui fait une expertise mentale, se conforme au vœu et au programme de Gilbert Ballet : il ne fait aucune

« incursion sur le terrain métaphysique» et ne se « solidarise » avec aucune « doctrine métaphysique ».

J'ai dû bien mal développer dans mes précédentes publications cette idée de l'indépendance de la notion médicale de responsabilité par rapport aux diverses doctrines métaphysiques et religieuses. Car elle n'a pas été acceptée par tous et m'a valu des critiques (qui se répondent mutuellement) des tenants du catholicisme comme des tenants du positivisme déterministe.

« C'est un expédient, dit le Père Roure dans les *Études religieuses* (avril 1907), proposé par un médecin spiritualiste à ses collègues matérialistes et déterministes. » Je crois que c'est plutôt une vérité scientifique qui ne contredit aucune conviction philosophique ou religieuse.

Et Surbled dans la *Pensée contemporaine* (1907) (p. 487) : « M. le professeur Grasset se plaît à répéter qu'il est étranger comme savant à la psychologie, au spiritualisme et il ne cesse de soutenir avec les matérialistes la détestable thèse du sensualisme, du matérialisme : il fait, lui aussi, de la philosophie, mais sans le savoir, et il la fait mauvaise et fausse. » Chacun fait la philosophie qu'il peut. La seule chose que je maintienne, c'est que, quelle que soit leur philosophie, tous les savants peuvent et doivent parler la même langue scientifique, étudier et discuter les mêmes questions dans le domaine scientifique [1]...

Voilà pour les Guelfes ; voici maintenant les Gibelins.

« Je crois bien, m'écrit Maurice de Fleury (3 septembre 1907), que votre doctrine médico-légale découle, à votre insu peut-être, de votre croyance au libre arbitre. Philosophe spiritualiste et noblement chrétien, vous croyez au libre arbitre, médecin psychiatre, vous croyez aux maladies, aux paralysies (totales ou partielles) du libre arbitre. Et c'est cela qui creuse un fossé profond entre vous et les philosophes déterministes. Tout ce débat, qui prétend s'affranchir de querelles métaphysiques, demeure au fond métaphysique. » Je m'obstine à ne pas le croire. Ce qui domine certainement le débat, c'est la terreur et la phobie de la métaphysique chez tout le

1. C'est ainsi que Descartes qui admettait l'âme spirituelle n'en a pas moins fait des découvertes de vrai précurseur sur la physiologie du système nerveux : acte réflexe, application aux animaux des lois de la mécanique, interprétation mécanique de certains phénomènes psychiques, assimilation des êtres vivants à des machines...

monde. Peut-être est-ce cela qui rend la question si difficile [1].

Ce genre de critique me poursuit depuis bien longtemps. A propos de mon inoffensif schéma des centres psychiques on a répété que je voulais renouveler la tentative de Descartes pour placer l'âme dans la glande pinéale, ressusciter la distinction surannée entre ψυχή et *mens;* récemment encore Piéron écrivait (*Revue scientifique*) de mon centre O: « nouvelle glande pinéale, servant de point d'application à la force spirituelle, à l'âme. »

C'est là une interprétation absolument erronée de toutes mes publications. J'ai certainement mes idées métaphysiques et religieuses (c'est le droit de chacun) et je ne les ai jamais dissimulées quand j'ai cru que c'étaient le lieu et l'heure de les affirmer ; mais j'estime qu'en neurobiologie ces idées n'ont rien à faire [2]. Or, la question de la responsabilité, au sens médical que j'ai défini

1. Voir plus loin (chap. VI, 30) ma réponse à l'ensemble des critiques de Maurice de Fleury.

2. « Je suis d'avis, a dit Francotte de Liège au Congrès de Genève, que la question de responsabilité pénale est de la compétence de l'expert aliéniste. Tout d'abord, je dois à la probité de déclarer que je suis un tenant du libre arbitre. Mais je loue hautement M. Ballet d'avoir écarté toute discussion à ce sujet et je me fais un devoir de l'imiter. »

plus haut, est une question de neurobiologie; elle n'a donc rien à voir avec les métaphysiques et les religions.

Je peux répéter à propos de cette responsabilité des criminels ce que j'ai dit il y a bien longtemps à propos du schéma des psychismes et ce qui est resté ma doctrine constante: « les diverses écoles doivent renoncer à trouver dans notre exposé un argument pour ou contre une solution métaphysique quelconque. »

12. — Conclusions. Les trois espèces de responsabilité. Rôle et mission du médecin.

1° Il est impossible de laisser au mot responsabilité uniquement son vieux sens philosophique qui rend cette notion absolument solidaire de la notion de libre arbitre. Les déterministes (magistrats, médecins) se servent tous les jours de ce mot qui a donc d'autres sens.

2° Le mot responsabilité ayant, en fait, plusieurs sens, il est nécessaire de ne plus l'employer qu'avec une épithète. Dans les rapports médico-légaux notamment il est désirable qu'on précise toujours, en tête, par une épithète (physiologique ou médicale), le sens dans lequel magistrats et experts prennent le mot responsabilité.

3° Il y a au moins [1] trois grandes espèces, distinctes et irréductibles, de responsabilité : la responsabilité morale, la responsabilité sociale et la responsabilité physiologique ou médicale.

4° La responsabilité morale, liée à la notion du libre arbitre, appartient aux philosophes et la responsabilité sociale ou culpabilité appartient aux magistrats.

5° La responsabilité physiologique ou médicale est fonction des neurones psychiques. Est responsable le sujet dont les neurones psychiques sont normaux.

6° Le médecin est seul capable d'apprécier l'intégrité ou la non-intégrité des centres nerveux et l'influence de cet état du système nerveux sur l'acte matériel du psychisme volitif ; il est donc seul capable d'apprécier la responsabilité (au sens médical) des criminels.

7° Le médecin a ainsi un rôle absolument net et séparé de celui du philosophe et de celui du magistrat. Il peut remplir ce rôle, s'il a les connaissances médicales suffisantes, quelles que soient ses opinions métaphysiques ou religieuses, notamment sur le libre arbitre, l'existence de l'âme...

1. Il y a notamment encore la responsabilité *civile*, la responsabilité *patronale*, *professionnelle*...

CHAPITRE TROISIÈME

LA RESPONSABILITÉ ATTÉNUÉE [1]

Les demiresponsables.

13. Difficultés et obscurités de la question. Opinions contradictoires. Négateurs de la demiresponsabilité. — 14. Nécessité de distinguer la question médicale de la responsabilité atténuée et la question sociale de la conduite légale à tenir vis-à-vis des demiresponsables. — 15. Question médicale de la responsabilité atténuée. 1° Exposé de la doctrine. 2° Réponse à quelques objections. 3° Les critiques de Parart. 4° Conclusions du paragraphe. — 16. Question sociale de la condition légale à tenir vis-à-vis des demiresponsables. 1° La responsabilité atténuée devant les lois actuelles. Inconvénients des peines raccourcies. 2° Comment la loi devrait tenir compte de la responsabilité atténuée. — 17. Conclusions du chapitre.

13. Difficultés et obscurités de la question. Opinions contradictoires. Négateurs de la demiresponsabilité.

Nous ne nous sommes occupé encore que de la question de responsabilité et d'irresponsabilité des criminels. C'est la partie la plus facile de

1. Voir : La responsabilité atténuée. *Journal de psychologie normale et pathologique*, 1906, p. 420 ; Demifous et demiresponsables. *Revue des Deux-Mondes*, 15 février 1906, p. 887,

notre tâche, sur laquelle tout le monde est à peu près du même avis et qui pourra être considérée comme légalement réglée quand l'article 64 aura été complété par la nouvelle loi sur les aliénés de janvier 1907 [1].

Beaucoup plus difficile et discutée est la question de la *responsabilité atténuée*.

De la notion de responsabilité établie dans le chapitre précédent semble découler tout naturellement la notion corrélative de la demiresponsabilité ou responsabilité atténuée. A côté des sujets dont les neurones psychiques sont tout à fait sains et normaux (responsables) et des sujets dont les neurones psychiques sont tout à fait malades et anormaux (irresponsables), on comprend qu'il y ait des sujets dont les neurones psychiques sont partiellement ou légèrement malades (demiresponsables).

La chose est cependant loin d'être acceptée par tout le monde.

A propos de l'affaire de l'empoisonneuse d'Auch, la *Dépêche* disait : on ne comprend pas le sens de cette expression « responsabilité atténuée... on est responsable ou on ne l'est pas : mais on

et *Demifous et demiresponsables*. Bibliothèque de philosophie contemporaine, 1907, p. 230.

1. Voir notre chapitre VII.

conçoit malaisément qu'il y ait des moitiés, des tiers ou des quarts de responsabilité. Dans quelle balance pèsera-t-on ces questions de responsabilité, ces culpabilités fragmentaires[1]? Et décidera-t-on, quand il s'agira de l'application de la peine, que le condamné sera guillotiné par moitié seulement ? »

Legrain disait à la *Société générale des prisons* : « cette conception d'une responsabilité atténuée n'est, il faut bien le dire, qu'une façon commode de déguiser notre ignorance ; c'est une formule de simple convention qui a permis jusqu'alors de suppléer à une connaissance plus exacte des véritables causes et des véritables effets... Quand on est hésitant ou que l'on n'ose point risquer un moyen ferme, on est enchanté de trouver un moyen terme, qui semble tout arranger... (Cette thèse) n'a rien de scientifique et elle est loin de donner satisfaction à l'esprit... Je n'ai jamais pu m'assimiler cette idée d'une responsabilité partielle: je ne vois nullement à quoi cela peut correspondre. » Je ne me suis jamais « résolu, continue-t-il, à opiner en faveur d'une responsabilité atténuée, qui n'eût été que le corollaire d'une responsabilité partielle, parce qu'on atténue une

1. Voir, plus loin (28, chapitre VI), un passage analogue d'Anatole France.

pénalité et non pas une *responsabilité* ; et alors c'est au juge, non à l'expert, à le faire. » Plus loin, il parle de ce « mythe de la responsabilité limitée ». Le Président lui dit : « à vos yeux, il n'y a pas de responsabilité atténuée ou mitigée ; c'est une expression que vous ne voulez pas admettre, c'est le masque de l'ignorance. Pour vous, il y a responsabilité ou il n'y a pas responsabilité. » Et Legrain répond : « parfaitement ! »

Paul Garnier dit : « le médecin ne dispose pas d'un phrénomètre [1] lui permettant de diviser l'imputabilité pénale par moitié, tiers ou quart de responsabilité. » Charles Constant, avocat à la Cour de Paris : « il n'y a que des responsables ou des irresponsables... quand on est irresponsable, on doit être acquitté ; quand on est responsable, on doit être condamné. » Et Albanel, juge d'instruction à Paris, « estime que l'expression responsabilité atténuée est composée de deux mots qui jurent ensemble. Ils peuvent bien synthétiser l'opinion de l'expert commis ; mais ils ne devraient pas être employés dans leurs conclusions ».

1. « En aucun cas, a dit Giraud au Congrès de Genève, l'expert ne peut chercher à mesurer le degré de responsabilité. Il doit se rappeler que, suivant l'expression de Falret, il ne possède pas de phrénomètre. »

« La responsabilité atténuée, dit Michelon [1], n'est, comme en 1830, qu'un simple expédient pratique n'ayant aucune valeur scientifique. Dans des cas embarrassants, les experts ont des scrupules de conscience et alors, comme l'a dit le professeur Garraud, pour atténuer leur propre responsabilité, ils atténuent celle des prévenus ». A l'expert, dans ces cas, « sa conscience d'honnête médecin » fait « bien vite trouver un refuge dans les apaisements d'une responsabilité diminuée, dans les douceurs relatives d'une pénalité graduée.... Il est évident que la responsabilité atténuée, impliquant nécessairement la notion de responsabilité morale, ne peut pas exister comme notion distincte dans un système basé sur la défense sociale ». Les difficultés « insurmontables » que rencontre la responsabilité atténuée « peuvent se grouper sous trois chefs principaux. D'une part, il est impossible pratiquement de mesurer l'état mental et la responsabilité atténuée. D'autre part, la responsabilité atténuée ne correspond pas à un type clinique bien défini.... Enfin la déclaration de responsabilité

1. Maurice Michelon. *Les demifous et la responsabilité atténuée.* Thèse de doctorat en droit. Lyon, 27 janvier 1906 — Voir aussi la thèse, déja citée, de Louis Eydoux. Toulouse, 1906.

atténuée aboutit à des conséquences qui présentent les plus graves dangers au point de vue social et qui sont certainement un des facteurs de l'extension toujours croissante de la criminalité récidiviste. » Michelon développe chacun de ces points de vue, puis ajoute : « la responsabilité atténuée n'étant donc qu'un expédient n'a au point de vue scientifique aucune valeur... Elle a des résultats déplorables... La responsabilité atténuée est une des causes les plus importantes qui poussent le juge à prononcer de courtes peines. En sorte qu'on peut lui appliquer d'abord tous les griefs relevés contre les courtes peines. » C'est « affaiblir le frein moral de la peine... que de reconnaître la responsabilité atténuée et de dire à un accusé: vous avez une tare physique qui fait que vous n'êtes pas entièrement responsable de vos actes. » Enfin « notre conclusion ne peut être que la négation de la responsabilité atténuée ». C'est une « notion, fausse scientifiquement, nuisible pratiquement ». Si on comble les lacunes de la loi, « la notion de responsabilité atténuée disparaîtra. Il ne sera plus nécessaire de la combattre ; elle disparaîtra d'elle-même, ayant perdu sa seule utilité qui était de tranquilliser la conscience de l'expert et du juge. On verra alors que ce n'était qu'une formule, qu'une étiquette ne correspondant à rien de réel et ne recouvrant que le néant. »

14. — Nécessité de distinguer la question médicale de la responsabilité atténuée et la question sociale de la conduite légale à tenir vis-à-vis des demiresponsables.

La condamnation paraît formelle. La responsabilité atténuée doit-elle être ainsi biffée de la science médicale et sociale et par suite l'expert qui conclut à la responsabilité atténuée commet-il, plus ou moins consciemment, une hérésie scientifique ou un mensonge médical?

Pour arriver à une conclusion ferme et pour mettre de la clarté dans la discussion des objections, il est indispensable de distinguer et d'étudier séparément la *question médicale de la responsabilité atténuée* et la *question sociale de la conduite légale à tenir vis-à-vis des demiresponsables*.

Ce sont là deux questions également importantes, dans une certaine limite connexes, mais pas solidaires : quelles que soient les difficultés que soulève la seconde, cela ne doit en rien influer sur l'étude et la solution de la première.

La plupart des auteurs intriquent au contraire constamment les objections faites à la doctrine médicale avec les objections tirées des conséquences sociales de cette doctrine. Je vais essayer de les séparer et de répondre séparément et successivement aux deux ordres d'objections, qui sont bien fondamentalement très distincts, puisque l'une des questions appartient exclusivement aux médecins et la seconde aux sociologues et aux juristes.

15. — Question médicale de la responsabilité atténuée.

1° *Exposé de la doctrine.*

Dégagée de ses conséquences légales et sociales, placée hors de toute doctrine philosophique sur le seul terrain physiopathologique et médical, la notion de la responsabilité atténuée[1] apparaît indiscutable.

La responsabilité, ai-je dit plus haut (p. 65), est

1. Je ne dis pas « responsabilité *partielle* » ; ceci est une question tout autre : atténuée ou complète, la responsabilité s'entend toujours de l'entière personne humaine. Sur la responsabilité partielle, voir le *Traité de pathologie mentale* de GILBERT BALLET, p. 1469 et la *Revue pénitentiaire*, 1905, p. 207.

fonction de la normalité des neurones psychiques. Or, ces neurones psychiques sont légion; les centres psychiques corticaux sont éminemment complexes et divisibles. On comprend donc que, si dans certains cas ils sont tous entièrement normaux et si dans d'autres ils sont tous profondément altérés, dans un troisième groupe de faits ils soient partiellement ou incomplètement altérés; par suite, à côté des irresponsables et des responsables il y a les demiresponsables, ceux dont la responsabilité est diminuée, atténuée.

On peut même ajouter que tous les neurones psychiques ne sont pas égaux devant la responsabilité. L'altération des neurones du psychisme supérieur (maladie mentale) entraîne l'irresponsabilité; l'altération des neurones du psychisme inférieur (maladie psychique) ne trouble que partiellement, atténue simplement la responsabilité.

Le sujet hypnotisé dont les centres supérieurs ne fonctionnent pas, qui obéit passivement à l'hypnotiseur, est irresponsable des actes commis dans l'hypnose. L'hypnotisable (hors de l'hypnose provoquée), le psychasthénique, dont les centres supérieurs, sans être annihilés au moment de l'acte criminel, sont faibles, se laissent facilement distraire et désagréger de leurs centres inférieurs, les psychonévrosés en général ne sont ni irresponsables ni responsables; ils ne sont pas armés devant la tentation du crime comme le normal et ils pourraient cependant, dans une certaine limite, éviter de commettre ce crime. Ce sont des demiresponsables.

Dans les foules, l'entraînement gregaire désagrège les polygones (centres du psychisme inférieur) qui se laissent conduire par les meneurs. Si la responsabilité du berger en est accrue, celle du troupeau en est atténuée.

Tous les détraqués, les dégénérés divers, les fous moraux..., dont l'étude médicale serait déplacée ici [1], rentrent bien dans cette catégorie de malades dont la responsabilité est atténuée. L'épileptique, qui commet un crime pendant une attaque, est irresponsable ; ce même épileptique en dehors des attaques n'est pas assimilable à l'individu bien portant et, s'il commet un crime (hors de la crise), il n'est certes pas irresponsable comme s'il avait commis son crime pendant l'attaque, mais il n'a pas non plus la totalité de sa responsabilité intégrale.

Suivant l'expression du bâtonnier Barboux, il y a « une classe de criminels spéciaux assez fous

1. Voir dans mes *Demifous*, p. 63, le troisième chapitre « Démonstration clinique de l'existence des demifous ; étude médicale. »

pour ne jamais aller en prison et assez sages pour ne jamais être placés dans un asile ». Et Henri Robert, avocat à la Cour de Paris, qui cite cette phrase, ajoute : « ce serait un tort, à mon avis, que de présenter la responsabilité atténuée comme une prime donnée à l'ignorance du juge d'instruction, qu'on peut bercer avec quelques mots ou un aveu d'insuffisance de la science, incapable de donner une formule exacte. La responsabilité atténuée existe ».

C'est d'ailleurs une loi générale : dans la pathologie des divers appareils et de tous les organes, il y a des demimalades entre les malades et les bien portants. Pour le cœur, les poumons ou l'intestin, il y a les délicats chez lesquels ces organes ne sont pas entiers et normaux dans la bataille contre l'agent pathogène, ne sont pas physiologiquement armés contre la maladie, deviennent par suite plus souvent et plus facilement malades que chez d'autres personnes.

Pour l'appareil psychique il en est exactement de même. La responsabilité étant une fonction du psychisme normal et l'irresponsabilité, une fonction du psychisme malade, on comprend que, chez certains sujets, il y ait cependant une fragilité des neurones psychiques, une facilité plus grande à devenir malades, à succomber aux tentations du crime.... C'est ce qui correspond à la responsabilité atténuée.

En d'autres termes (j'ai essayé de le démontrer ailleurs [1]) l'humanité ne peut pas être divisée en deux blocs : celui des fous et celui des raisonnables. On ne peut pas accepter cette doctrine qui, comme dit Michel Corday [2], fiche « une grille devant un asile » et, déclare : « de ce côté-ci on est fou; de ce côté-là on n'est pas fou » et coupe ainsi « le monde en deux morceaux : d'un côté ceux qui sont fous parce qu'ils sont enfermés et de l'autre ceux qui ne sont pas fous, parce qu'ils ne sont pas enfermés » et qu'ils enferment les autres. On ne doit plus établir entre les deux blocs un large fossé et une muraille à peine percée de quelques ouvertures, qui de temps en temps donnent passage à ceux qui changent de bloc.

Non ; cette théorie des deux blocs n'a aucune base scientifique sérieuse et ferait de l'appareil nerveux du psychisme une exception aux lois physiologiques qui président au fonctionnement

1. *Demifous*, p. 32, chapitre II, « Réfutation des doctrines qui nient les demifous » ; I, Théorie des deux blocs.

2. Michel Corday. *Les Demifous*, Paris, Charpentier, 1905.

de tous les autres organes et appareils de l'organisme humain.

En dehors des sujets bien portants auxquels s'applique tout le Code pénal et des sujets déments ou fous que vise l'article 64, il y a tout un grand groupe de malades sur lesquels la société n'a aucun droit spécial tant qu'ils n'ont pas commis des crimes ou des délits, mais vis-à-vis desquels elle a toujours des devoirs d'assistance et de traitement *après* comme *avant* l'acte nocif qui en fait des êtres dangereux. Ce sont les *demi-fous dont la responsabilité est atténuée.*

Donc, au point de vue scientifique et médical, la question est très nette : il y a des sujets qui sont assez malades du psychisme pour ne pas être déclarés normalement et complètement responsables, qui ne sont pas assez malades pour être déclarés irresponsables et que par suite il faut déclarer demiresponsables. En toute science et conscience un expert peut terminer (comme en fait, il le termine très souvent) son rapport par les trois propositions suivantes : 1° l'accusé n'est pas irresponsable ; 2° l'accusé est responsable ; 3° la responsabilité de l'accusé est limitée ou atténuée, dans une proportion forte, moyenne ou faible [1].

1. C'est ce que j'ai fait dans mon rapport, déjà cité plus haut

2° *Réponse à quelques objections.*

A cette notion si claire et si scientifiquement précise de la responsabilité atténuée on a cependant fait des objections.

a). — Un premier groupe d'objections est tiré de ce fait qu'avec le *libre arbitre*, avec une âme spirituelle, libre et une, on ne peut pas comprendre une atténuation de la responsabilité.

Ainsi Cauvière, professeur à la faculté libre de droit, demande aux physiologistes de « dire si, à leur avis, la liberté morale comporte des degrés », si la « responsabilité pénale » peut « être limitée du moment que l'on admet, dans la doctrine spiritualiste » (qui est celle de l'orateur) « le fait primordial de la liberté humaine? »

La responsabilité au sens médical peut parfaitement comporter des degrés ou être limitée, sans que la liberté morale intervienne. Dans tous les développements ci-dessus il s'agit toujours exclusivement d'une fonction du cerveau, des neurones psychiques. Donc, le spiritualiste peut l'en-

(p. 66), sur V. G., le criminel de Monte-Carlo : j'ai déclaré que sa responsabilité était *atténuée faiblement*.

visager et l'étudier au même titre et de la même manière que le matérialiste.

De même, Legrain trouve « étrange » que ce soit « en général précisément les hommes qui tiennent le plus à l'intégrité, à l'unité de l'âme, qui réclament le plus son morcellement ». D'abord le fait visé par Legrain me paraît contestable : je crois connaître beaucoup d'aliénistes experts qui ont souvent conclu à la responsabilité atténuée et qui ne tiennent guère à l'intégrité et à l'unité de l'âme. Mais d'ailleurs en quoi l'intégrité et l'unité de l'âme sont-elles en question ? il ne s'agit pas de morceler l'âme, mais les neurones psychiques, dont l'âme se sert pour penser et pour vouloir. Où est l'étrange ?

De même encore, Michelon : dans le système du libre arbitre « il n'y a pas place pour la responsabilité atténuée, une telle liberté ne se scinde pas ; elle est ou elle n'est pas. Il ne peut pas y avoir de demiliberté et par conséquent de demi-responsabilité ». Oui il ne peut pas y avoir de demiresponsabilité *morale* puisqu'elle est solidaire du libre arbitre ; mais pourquoi n'y aurait-il pas de demiresponsabilité *médicale* qui est indépendante de toute doctrine sur le libre arbitre. « Comment admettre sans absurdité, dit encore Michelon, ce mélange hybride de déterminisme et de liberté et proclamer ainsi la dépendance de l'indépendance? » Les spiritualistes les plus convaincus ne peuvent pas ne pas admettre que l'âme *libre* et *indépendante* en elle-même et par elle-même est *déterminée* et *dépendante* dans le corps et dans les neurones psychiques du cerveau spécialement; libre et indépendante, l'âme d'un hémiplégique ne pourra pas faire le mouvement qu'elle veut ; son acte sera donc déterminé et dépendant par l'état de ses neurones moteurs. Il en est de même des neurones psychiques pour la fonction responsabilité (au sens médical). Il n'y a rien là, ce me semble, d'hybride, de contradictoire ou d'absurde.

b). — Il est tout aussi impossible de dire qu'il n'y a place pour la responsabilité atténuée ni dans le système du *déterminisme* ni dans le système basé sur la *défense sociale*.

Dans la doctrine déterministe, les éléments de détermination d'un acte sont d'une part les mobiles et les motifs, de l'autre la réaction des neurones psychiques sur ces mobiles et ces motifs. Pouquoi ne comprendrait-on pas l'altération partielle ou peu profonde de ces neurones psychiques et par suite leur responsabilité limitée ?

Dans la doctrine de la défense sociale on

admet bien que la notion de la loi et de la punition est une arme dont la société a le droit de se servir pour cette défense. On comprend donc l'inégalité de psychisme des individus vis-à-vis de ces importants mobiles.

c). — Plusieurs aliénistes (j'ai cité plus haut Falret, Paul Garnier et Giraud) arguent contre la responsabilité atténuée de *l'absence de phrénomètre* et de l'impossibilité pratique où nous sommes de mesurer l'état mental et la responsabilité. Cet argument, très vrai et très répété, apparaît à Michelon comme une difficulté « insurmontable ». Il ne me semble pas aussi redoutable.

Si nous éliminions de la physiologie, de la psychologie et de la clinique tout ce qui n'est pas susceptible de mensuration précise, que resterait-il? Il est certain que l'atténuation de la responsabilité n'est pas susceptible de mesure mathématique; les magistrats ne peuvent pas demander à un expert une fraction comme ils la demandent pour l'incapacité professionnelle après un accident du travail [1]. Mais cette impossibilité de doser mathématiquement l'incapacité morale,

1. Et encore dans ce cas la précision de la formule n'est-elle pas uniquement apparente et fictive ?

l'infériorité psychique d'un sujet n'exclut pas la réalité de la chose.

J'ai déjà parlé des circonstances atténuantes qui sont entrées, en même temps que l'article 64, dans la loi française : elles ne sont pas, non plus, susceptibles d'un dosage mathématique. Et cependant personne ne songe sérieusement à les supprimer [1]. Elles sont tirées du fait et de ce qui l'a accompagné ; elles sont exogènes. Les raisons psychiques d'atténuation (qu'étudie le médecin) peuvent être rapprochées des précédentes ; seulement elles sont *endogènes*, viennent du sujet, du terrain sur lequel est livrée la bataille prévolitive. Elles existent comme les premières, tout en échappant comme les premières à la balance et à la mesure.

d). — Enfin Michelon objecte qu'à la responsabilité atténuée ne correspond pas un *type clinique* bien défini. En effet il n'y en a pas un seul ; mais il y en a plusieurs parfaitement définis [2].

La multiplicité des types cliniques n'est pas une objection à retenir. Car on pourrait la formuler avec autant de force contre l'irresponsabilité des aliénés que personne ne songe à nier.

1. Voir cependant ci-dessus page 36.

2. Voir encore le chapitre III (p.63) de mes *Demifous*.

3° *Les critiques de Parant.*

Un aliéniste de haut mérite, le Dr Parant [1], a publié une étude critique serrée de mon article « Demifous et demiresponsables » de la *Revue des Deux Mondes* (15 février 1906, p. 887) ; j'ai cru devoir consacrer un paragraphe spécial à ce travail de mon distingué confrère de Toulouse, parce que l'auteur y exprime, avec beaucoup de talent, la manière de voir d'un certain nombre de médecins aliénistes.

Il déclare que mon article soulève de « graves objections ». Il craint que cet article « ne donne lieu à des équivoques, à des erreurs susceptibles d'entretenir la fausseté des idées que bien des gens se font sur l'aliénation mentale. » Il ne croit pas que ma « manière de concevoir les choses » réponde « à la réalité » et ne croit pas « exacte » la conception générale de l'aliénation mentale

1. PARANT. Un article de M. le professeur Grasset « Demifous et demiresponsables ». *Annales médicopsychologiques*, mai-juin 1906. Voir aussi du même auteur : *La raison dans la folie. Étude pratique et médicolégale sur la persistance partielle de la raison chez les aliénés et sur leurs actes raisonnables.* Paris, 1888, et De quelques erreurs sur la folie nées des doctrines psychologiques. *Mémoires de l'Académie des sciences, inscriptions et belles-lettres de Toulouse*, t. XI, 1889.

prise de cette façon. « La qualification de demifous, outre son inexactitude, expose, surtout au point de vue de la médecine légale, à de nombreux inconvénients. » En combattant la théorie des deux blocs et en en créant un troisième, j' « augmente la difficulté au lieu de la réduire». « Pour dire où finit la responsabilité et où commence la demiresponsabilité, pour dire où celle-ci s'arrête et cède la place à la responsabilité entière », la détermination du critérium est « tout à fait arbitraire » et « n'aura d'autre règle que l'appréciation fantaisiste des uns ou des autres... La fantaisie se donnant carrière, nous risquons de retomber dans cette anarchie désastreuse qui faillit jadis, dans des conditions de ce genre, être la déconsidération et la ruine de la médecine légale des aliénés »...

Pour ne rien exagérer, je reconnais tout d'abord que dans mon article de la *Revue* destiné au grand public (comme le reconnaît Parant) je n'ai pas suffisamment et assez scientifiquement délimité le domaine de la demifolie. Je n'ai pas suffisamment séparé la responsabilité *partielle* [1] de la responsabilité *atténuée* ; je n'ai pas assez redit que les anciens monomanes sont de vrais

1. Voir ci-dessus la note de la page 86.

fous, et non des demifous, mais je crois avoir précisé les choses dans mon livre (*Demifous et Demiresponsables*) qui répond, ce me semble, aux principales objections de Parant. Je reconnais aussi que l'expression de demiresponsabilité est vague et ne vaut pas celle de « responsabilité attenuée », que j'ai inscrite en tête de ce chapitre [1].

Je ferai aussi toutes les concessions qu'on voudra sur les difficultés qu'il y a, dans certains cas, à préciser les limites du bloc des demifous. Mais, même pour l'irresponsabilité, que Parant ne nie certes pas, n'y a-t-il pas de difficiles cas-frontières dans lesquels l'expert hésite, se trompe ou est trompé assez fréquemment. Il n'y a donc pas là une raison pour nier le groupe des demifous à responsabilité atténuée.

«Pourquoi, dit Parant, qualifier de demifous les individus qui, ayant eu un ou deux accès de folie, en sont bien guéris et présentent le reste du temps une mentalité satisfaisante, suffisamment bien équilibrée? Au moment de leurs accès, ils ont été

1. Parant a donc raison quand il dit : « M. Grasset prononce une fois, dans son article, le mot de responsabilité atténuée ; ce mot est bien meilleur que celui de demiresponsabilité parce que, de toutes manières, il répond bien mieux à la réalité des choses et c'est à lui qu'il vaudrait mieux s'en tenir. »

fous, le reste du temps, ils ne le sont plus. » Comment ? Certains fous guéris ne restent pas des inférieurs psychiques et ne sont pas diminués dans leur responsabilité ? Parant le reconnaît du reste. Mais il ajoute : « d'autres ne gardent, après la crise, aucune marque de leur ébranlement. » Soit ; ceux-là, on ne leur atténuera pas leur responsabilité en cas de crime ; mais puisqu'il y en a certains qui gardent de l'ébranlement, ces sujets (dont l'existence ne peut pas être contestée) suffisent à démontrer et à nécessiter la constitution d'un groupe de demifous à responsabilité atténuée.

Et les excentriques, les originaux, les bizarres, les névropathes de diverses catégories, les débiles, les pervers, les déséquilibrés, tous les malades dont parle Parant (p. 7) ne sont-ils donc pas des demifous ? Parant reconnaît qu'ils donnent « matière à des difficultés d'interprétation ». Ils sont « sur les frontières de la folie », dit-il, et il ajoute : « la tâche du médecin, souvent délicate, mais que dans la plupart des cas il n'est point impossible de remplir, consiste à chercher de quel côté de la frontière on peut les mettre ». Je me permets d'être ici d'un avis absolument opposé à celui de Parant : je crois que, si l'on ne peut choisir qu'une de ces deux décisions, la tâche du médecin sera souvent *impossible*. La preuve en est dans le nombre énorme et croissant de rapports concluant à la responsabilité atténuée et sous la signature de tous les médecins.

Ailleurs Parant dit : « il n'y a qu'à montrer que tous les aliénés ne doivent pas être internés, que certains aliénés *inoffensifs* peuvent ne pas être internés. » Parfait; mais les malades qui ne sont pas inoffensifs, qui sont nuisibles, dont la société doit se garer, et qui, tout en étant malades, ne sont pas aliénés à interner ! On les supprimerait ou plutôt on refuserait de s'occuper d'eux, si on n'admettait plus les demifous à responsabilité atténuée.

D'ailleurs Parant admet la responsabilité atténuée. Il reconnaît que certains nerveux, non aliénés, peuvent parfois « ne pas être traités aussi sévèrement que s'ils étaient dans un état d'équilibre parfait ». Je n'en demande pas davantage. Voilà la reconnaissance du groupe des demifous à responsabilité atténuée.

Enfin, en étudiant la demifolie et en essayant de faire admettre par tous, même par la loi, la responsabilité atténuée, je ne crois pas diminuer le rôle des médecins experts comme me le reproche Parant ; au contraire. Car la détermination de la demifolie et de la responsabilité atténuée reste une question très difficile dans chaque cas particulier et toujours *exclusivement médicale* [1]. Je ne crois pas que, comme le dit Parant, « l'étude isolée des actes et de leurs mobiles » et « le degré du psychisme » importent peu au médecin; je ne crois pas que « n'importe qui » ait autant de compétence que le médecin pour juger la qualité et le degré du psychisme [2]. Je crois, au contraire, que c'est là la base de l'expertise moderne, telle qu'elle doit être conçue par les médecins d'aujourd'hui.

Je crois donc devoir maintenir que les objections de Parant peuvent porter sur la limitation et la composition du groupe des demifous à responsabilité atténuée; cette question particulière peut être modifiée d'une année à l'autre par les incessants progrès d'une science avertie; mais le fond même de notre doctrine reste intact et le principe de la responsabilité atténuée peut être maintenu.

4° *Conclusions.*

Dégagée de la considération des applications sociales et légales (que j'étudierai dans le para-

1. Voir plus loin tout mon chapitre V.

2. Ceci rappellerait trop la littérature de 1826 et de 1830 citée plus haut (p. 9).

graphe suivant) la doctrine de la responsabilité atténuée ou limitée est scientifiquement établie et positive.

Il n'est plus permis de dire que la responsabilité atténuée n'est qu'un subterfuge inventé par les experts lâches ou ignorants pour atténuer leur propre responsabilité ou celle des magistrats. Il ne faut plus dire avec Rougier, chargé de conférences à la Faculté de droit, et Kahn, avocat à la Cour de Paris, que c'est une chose « qui se sent », « que l'on reconnaît ou que l'on nie suivant son tempérament », que c'est l'expression des hésitations et du « doute » diagnostiques de l'expert, ne répondant pas à une « réalité » « au point de vue médical et scientifique », ne constituant pas « une vérité scientifiquement établie ».

La responsabilité atténuée est un fait scientifique, scientifiquement établi et analysable.

16. — Question sociale de la conduite légale à tenir vis-à-vis des demiresponsables.

Me cantonnant dans mon rôle de médecin, je pourrais m'arrêter aux conclusions qui terminent le paragraphe précédent et dire: la responsabilité atténuée existe comme un fait scientifique; alors même qu'elle aurait (comme on l'a dit) les conséquences sociales les plus déplorables, le devoir de l'expert n'en resterait pas moins tout tracé : il devrait la déclarer nettement lorsque sa conviction scientifique est faite. Quant au reste, c'est l'affaire des sociologues et des juristes...

Je ne crois pas devoir raisonner ainsi et je ne veux pas me dérober à l'étude de la question sociale et juridique (malgré mon incompétence) parce que, même à ce point de vue, *les contacts du problème avec la médecine sont extrêmement nombreux et étroits.* Je vais donc essayer de poser au moins les termes du problème suivant : étant donné un criminel déclaré demiresponsable par les médecins, quels sont les devoirs et les droits de la société à son égard[1] ?

1° *La responsabilité atténuée devant les lois actuelles. Inconvénients des peines raccourcies.*

La loi française ne reconnaît pas la responsabilité atténuée. Michelon le constate « avec stupéfaction ». Comme le remarque Ledru, le Code civil « semble avoir admis l'existence des deux sortes d'anormaux » distinguant l'interdiction et le conseil judiciaire. Mais pour le Code pénal il

1. Voir, pour tout ce paragraphe (spécialement pour la documentation et la bibliographie) mes *Demifous*, p. 245 à 271.

n'y a que des responsables et des irresponsables (déments de l'article 64).

A l'étranger[1] (Italie, Grèce, Suisse, Danemark, Suède) la loi admet la responsabilité atténuée et une *réduction* corrélative de la peine ordinaire.

Certains auteurs ne pensent pas qu'en France on puisse, en vertu de l'article 463 [2], assimiler la responsabilité atténuée aux circonstances atténuantes et par suite diminuer la peine dans ces cas. « Les circonstances atténuantes, dit Michelon, ne sont en effet pas faites pour cela. Elles ont trait aux circonstances provisoires et accidentelles qui ont entouré le crime et non aux états permanents existant antérieurement au crime, comme l'état pathologique du criminel. »

Tel n'est pas l'avis général.

Dans ces cas, dit Leredu avocat à la Cour d'appel de Paris, l'article 463, « par le jeu facile et l'application naturelle des circonstances atténuantes, permettra de prononcer la peine avec la modération nécessaire. » Albanel croit aussi « que les textes de loi en vigueur, joints à la pratique criminelle, suffisent à toutes les nécessités et... permettent de doser non seulement la peine à prononcer, mais même d'appliquer des mesures

1. Voir plus haut, p. 37.
2. Voir plus haut, p. 14.

d'indulgence plus étendues, telles que le non-lieu, l'acquittement, la loi de sursis, la modération de la peine et même, dans la suite, la libération conditionnelle et la grâce totale ou partielle. »

Jules Jolly, avocat à la Cour de Paris, pense que, dans certains cas (quand le sujet a déjà, d'autre part, droit aux circonstances atténuantes) on ne peut pas, avec la loi actuelle, tenir suffisamment compte de la responsabilité a énuée, il en conclut « que, si l'on admet la responsabilité limitée, il faut nécessairement créer, à côté et en dehors des circonstances atténuantes, un régime spécial pour les délinquants de cette catégorie ». Ledru est du même avis et pense que pour éviter certains acquittements injustifiés il faudrait « inscrire dans notre législation pénale un article spécial qui permettrait au juge, en présence d'un inculpé ou d'un prévenu, chez lequel on aurait constaté une disparition partielle de la responsabilité, de prononcer une peine amoindrie, cet article spécial pouvant toujours se combiner en outre avec l'article 463. »

Tous ces efforts pour faire reconnaître la responsabilité atténuée par la loi ne paraissent avoir qu'un but et un objectif: le *raccourcissement de la peine* pour les demiresponsables. Et alors se dressent de très fortes objections contre les courtes peines et les peines raccourcies en général, qui énervent et affaiblissent d'une manière regrettable l'action nécessaire de défense sociale vis-à-vis des criminels.

En diminuant la culpabilité d'un homme, successivement par la responsabilité limitée, puis par les circonstances atténuantes, vous arriverez, dit Le Poittevin, professeur à la Faculté de droit de Paris, « en pratique, à une véritable *poussière de pénalité* ». Le mot a fait fortune et a été très-répété.

Il est dangereux, dit Rapoport, avocat à la Cour de Paris, « pour des individus dont les énergies morales sont très faibles, de le leur faire sentir en disant : en effet, vous avez une responsabilité très atténuée ; on ne vous en veut pas trop. C'est presque leur dire : continuez ! C'est peut-être atténuer leur responsabilité ; mais c'est à coup sûr atténuer leur faculté de résistance morale... En renversant un mot célèbre qui me ferait dire : si la responsabilité limitée n'existait pas il faudrait l'inventer, je dirai au contraire que, même si la responsabilité atténuée existe, il faut, dans une certaine mesure et en un certain sens, n'en pas tenir compte, j'entends qu'il ne faut pas l'avouer. »

De même pour Henri Sauvard, avocat à la Cour de Paris, « une excuse nouvelle fondée sur la notion de responsabilité limitée » serait « à la fois irrationnelle *a priori*, inutile et dangereuse en pratique... elle serait démoralisante pour la conscience sociale... Il serait dangereux qu'une formule légale, instituant une excuse nouvelle, vînt apporter au public la proclamation officielle de l'idée de responsabilité limitée. »

D'après Paul Garnier, en humanisant le Code pénal, en appliquant aux demiresponsables « ce providentiel article 463 », « on aboutit à l'absurde. Aussi les résultats sont-ils déplorables!... Comme les raisons qui ont valu au délinquant ce traitement de faveur sont précisément les mêmes qui vont tendre à préparer la récidive et à rendre l'individu dangereux, la justice a manqué son but réel, qui est avant tout la préservation sociale... Dans ces conditions, le système de défense sociale n'est qu'une illusion dangereuse. En l'état, il n'est pas permis, pour ainsi dire, à la justice, de frapper comme il faut et où il faut. »

Grimanelli, directeur de l'Administration pénitentiaire : « la pire des solutions, c'est celle qui consisterait à appliquer à ces demiresponsables une échelle réduite des peines ordinaires ou par voie de commutation ou par voie de réduction dans la durée. De toutes les solutions, c'est la moins satisfaisante, la plus nuisible et à l'individu et à l'intérêt social. Car les courtes peines, dans ces conditions, ne remplissent ni l'office répressif ni l'office curatif; et il est même à craindre que ce régime de courtes peines n'arrive à aggraver, sans profit pour la société, le cas du malheureux auquel il serait appliqué, au lieu d'améliorer ses conditions de vie et de conduite. »

Prins, professeur à l'Université de Bruxelles : « le nombre des courtes peines augmente partout et partout on s'en plaint. Il faut un remède à cette progression » ; et Garçon, professeur à la Faculté de droit de Paris : « avant tout, il faut éviter les petites peines, qui n'ont aucune utilité sociale ni individuelle : elles ne protègent pas l'ordre et elles n'amendent pas le coupable. »

Enfin Michelon : la notion de responsabilité atténuée « a des résultats déplorables. Si de tous côtés on constate avec terreur l'accroissement de la récidive, on constate en même temps le rôle néfaste qu'y joue la notion de responsabilité atténuée et de partout on commence à jeter le cri d'alarme... Tout le monde sait que la plaie de notre système judiciaire est l'abus des courtes peines ; et il existe toute une littérature sur les inconvénients d'un pareil régime. Il y a longtemps que l'on fait remarquer que les courtes peines sont insuffisantes pour amender le condamné, mais suffisent amplement pour le corrompre. »

Voilà une chose qui paraît entendue. Je ne recherche pas si les auteurs précédents n'ont pas un peu négligé d'autres causes de la fréquence des récidives et de l'accroissement de la criminalité. J'accepte comme démontré que, si, de la notion de responsabilité atténuée, on déduit uniquement le raccourcissement de la peine, les résultats pratiques sont mauvais.

Que faut-il conclure de ce fait ? qu'on doit *chercher autre chose* comme application sociale et légale de cette notion, mais non qu'il faut renoncer à toute application sociale et légale de la responsabilité atténuée.

Quand Michelon dit que la notion de responsabilité atténuée a des résultats déplorables, que par suite il ne faut plus en tenir compte; et quand Rapoport dit que si la responsabilité atténuée existe, il faut faire comme si elle n'existait pas, ne pas la révéler et ne pas l'avouer, je dis que ces auteurs, dans leurs conclusions, dépassent singulièrement les prémisses. Pour que la condamnation des courtes peines entraîne la condamnation de la responsabilité atténuée, il faudrait que ces courtes peines soient la *seule* application légale *possible* de la responsabilité atténuée. Or, ceci ne paraît pas encore démontré.

Je conclus donc ainsi ce paragraphe : il serait fâcheux et mauvais que la considération de la demiresponsabilité aboutit à la multiplication des courtes peines; cherchons s'il n'y aurait pas d'autres manières d'appliquer dans la loi cette notion, scientifiquement et définitivement acquise, tout en sauvegardant efficacement les droits de la société vis-à-vis des criminels.

2° *Comment la loi devrait tenir compte de la responsabilité atténuée.*

La société doit se préoccuper de deux intérêts également sacrés : *sa propre défense; l'assistance et le traitement du demifou.*

Vis-à-vis des demifous *nocifs*, la défense sociale doit être sévère, au moins aussi sévère que vis-à-vis des raisonnables pleinement responsables; et, *dans une certaine limite*, les armes de cette défense sociale doivent être les mêmes contre les demifous et contre les raisonnables.

Le demifou diffère en effet du fou en ce que les mobiles ordinaires ne sont pas sans action sur lui ; l'idée de loi, de prohibition, de peine, de prison est de celles qui influent sur les déterminations et les actes du demifou. *Il comprend le gendarme.*

Contre Henri Robert qui trouve « injuste » le « stage en prison » du demifou, je maintiens que l'idée de peine et de prison doit figurer dans les décisions de la société vis-à-vis du demiresponsable.

Roubinovitch et Grimanelli ont remarqué « que le fait d'être privé de sa liberté dans une prison était extrêmement pénible aux délinquants à responsabilité limitée ». Donc, le moyen a une certaine action sur leur psychisme; la société n'a pas le droit de se priver de ce moyen d'action.

Comme dit le professeur Garçon, il ne faut pas prononcer une peine que le délinquant ne *comprendrait* pas : c'est le cas du fou. Mais puisque le demifou la comprend, il lui faut une *peine*.

Mais la peine ne suffit pas; la société n'a pas pour unique mission de se défendre contre le demifou nocif; *elle doit l'assister et le traiter*.

La peine et la prison n'épuisent donc pas les devoirs de la société vis-à-vis des demifous.

C'est ce que l'on a compris dans ce que l'on appelle le système allemand. Dans ce système, comme l'expose Adrien Roux, chargé de conférences à la Faculté de droit, la peine est d'abord diminuée (article 57 du Code pénal) ; « si, de plus, ce délinquant paraît aux experts dangereux pour la sécurité publique par suite de son affaiblissement cérébral persistant, le tribunal répressif doit ordonner la garde provisoire du condamné. Puis la procédure, comme pour l'aliéné, se déroule devant le tribunal civil qui doit, ici encore, prononcer à la fois l'interdiction et l'internement définitif ou cette dernière mesure seulement. Si le délinquant est punissable, le séjour dans la maison de santé ne commence qu'après l'expiration de la peine. »

Il ne faut donc pas, comme on l'a fait, dire que, le demifou est ou un coupable qu'il faut punir ou un malade qu'il faut enfermer. *Le fou n'est que malade, le raisonnable n'est que coupable, le demifou est l'un et l'autre ; on ne doit pas, pour lui, choisir entre la prison et l'asile ; il lui faut l'un et l'autre.* C'est précisement là ce qui fait la grande difficulté pratique de la question.

Quand on compare le demifou au fou et au coupable, il ne faut donc pas dire, avec Henri Joly, qu'il n'est ni l'un ni l'autre, mais plutôt qu'il est l'un et l'autre. Au même auteur la solution allemande paraît « singulière ». « Ceci ne me paraît pas être, dit-il, une solution à recommander, tout au moins à un public français, pas plus que celle qui consisterait à traiter un malade pour deux maladies et à lui appliquer en même temps les remèdes destinés à l'une et à l'autre. » Et pourquoi pas ? En France comme en Allemagne, si un syphilitique se casse la jambe, on ne l'enfermera pas dans cet angoissant dilemme de lui traiter ou sa jambe ou sa syphilis ; je crois qu'on traitera les deux et j'ajoute que les deux cures s'aideront au lieu de se nuire.

Je ne crois donc pas qu'il faille, avec les professeurs Prins, von Liszt, van Hamel (de l'Université d'Amsterdam) et beaucoup de savants contemporains, dire que l'État n'a qu'une « mission de protection sociale, de défense sociale contre le danger social » et n'a qu'un but essentiel à atteindre « la préservation de la société contre le crime ». Il a aussi à assister et à traiter le délinquant, surtout quand il est demifou.

Voilà les deux premiers principes sur lesquels doit s'appuyer la conduite de la société vis-à-vis des demifous délinquants et criminels : *le droit de se garer de leurs méfaits et le devoir de les assister et de les traiter, après comme avant leur crime.* — Il y a un troisième principe, complément indispensable des deux premiers ; c'est la nécessité d'inscrire dans le Code *l'obligation légale* de ce traitement.

Ceci est déjà inscrit dans la loi allemande citée plus haut (p. 113): il faut que le condamné soit légalement *retenu* quand il cesse d'être *détenu*. Le traitement obligatoire doit pouvoir être prononcé comme *complément* ou en *remplacement* de la peine ordinaire.

Le demifou criminel reste un malade qu'il faut soigner ; mais c'est un malade qui a été et peut encore être nuisible à la société : il faut donc le soigner *par force*. Voilà l'idée nouvelle qu'il faut bien faire pénétrer dans l'opinion publique et dans la loi.

Si les législateurs s'inspiraient des trois grandes idées que je viens d'exposer, il me semble que l'introduction de la responsabilité atténuée dans le Code garderait tous ses avantages et n'aurait plus aucun inconvénient, ne présenterait plus aucun danger social.

a). — Avec ces principes, les juristes auraient à voir si on doit ou non *raccourcir* légalement la peine des demifous criminels, se rappelant que les principales objections élevées contre l'émiettement de la peine perdent singulièrement de leur importance dès lors que ce raccourcissement de la peine n'est plus la *seule* conséquence de la responsabilité atténuée.

b). — Ils étudieront ensuite si la peine prononcée contre un demifou doit être subie dans une prison ordinaire ou s'il y aura un *régime pénitentiaire spécial* pour eux.

La loi italienne permet au juge d'ordonner « que la peine corporelle, au lieu d'être subie dans une prison ordinaire, soit exécutée dans ce qu'elle appelle une *casa di custodia*, une maison de garde, sorte d'hôpital-prison ». Leredu trouve que par cette disposition la loi italienne va « un peu loin ». Le professeur Le Poittevin admet au contraire qu'il faut punir les demifous, « non pas en atténuant la peine dans sa durée, mais dans sa nature, leur appliquer une peine aussi longue, mais plus curative ou éducative, mieux adaptée à leur tempérament de demi-responsables. La réaction pénale, même à égale quantité, serait d'une qualité mieux choisie. »

Charles Constant croit aussi que, dans certains cas, « il y aurait peut-être lieu, soit dans le jugement, soit par une note spéciale, d'appeler l'attention de l'administration pénitentiaire sur ce délinquant, sur ce criminel, punissable comme tout autre parce que responsable, mais qui doit subir un traitement pénitentiaire d'une nature spéciale et plutôt morale que médicale. »

Prins conseille de substituer à la « conception

de la réduction de la peine, conséquence de la réduction de la responsabilité, la conception de la transformation de la peine, conséquence de l'état dangereux du délinquant. »

A l'appui de cette idée de la transformation de la peine ou du régime pénitentiaire spécial, il n'y a pas de meilleur exemple à fournir que celui des alcooliques qui sont des demifous souvent curables. On pourrait, comme dit Henri Hayem, « prendre, à l'égard des buveurs d'habitude, tout un ensemble de mesures, qui auraient pour effet, notamment, de débarrasser nos tribunaux de ces délinquants d'une variété particulière. Déjà certaines législations étrangères, celle du canton de Saint-Gall et celle de l'État de Massachusetts, spécialement, nous montrent la voie à suivre. » Et Legrain : « traitez le buveur d'habitude suivant les méthodes dont les termes sont parfaitement définis aujourd'hui et vous supprimez du coup 70 à 75 pour 100 des récidives. Vous rendez à la circulation des êtres sur lesquels ne pesait, en principe, aucune tare et qui ne sont devenus que par accident des délinquants ou des criminels à rechute. »

Donc, c'est la conclusion de ce paragraphe, que la peine prononcée contre le demifou soit ou non diminuée (ceci est affaire aux légistes), cette peine doit être exécutée dans des conditions spéciales, dans un *quartier spécial de prison* ou dans un quartier spécial de la maison de santé dont je vais parler dans le paragraphe *d*, en tous cas avec des *règlements spéciaux dans l'élaboration desquels le médecin doit intervenir*.

c). — En tous cas, d'après les principes énoncés plus haut, à l'expiration de sa peine, le demifou ne doit pas recevoir son exeat comme un condamné ordinaire. Les atténuations dans la durée et dans la forme de la peine, dont il a bénéficié, entraînent comme compensation une *surveillance médicale* et un *traitement obligatoires* pendant un certain temps après la libération.

C'est l'opinion de Leredu. Il faut, dit-il, « permettre que le criminel à responsabilité limitée, lorsque cela sera jugé nécessaire, soit, à l'expiration de sa peine, interné dans un asile jusqu'à ce qu'il soit déclaré guéri. C'est une mesure grave, sans doute ; mais ces demifous, comme on les appelle quelquefois, sont souvent plus dangereux que les fous complets, plus dangereux surtout parce qu'on ne prend pas les précautions nécessaires. »

En Allemagne, comme dit von Liszt, le prévenu, à l'expiration de sa peine, « est regardé comme un malade et on prend vis-à-vis de lui des mesures de sûreté ».

A cette manière de voir on objecte que, même réduite, la peine, ainsi prolongée par l'internement, peut en définitive être plus longue que si le sujet n'avait pas bénéficié d'une atténuation de sa responsabilité.

Du responsable et du demiresponsable, dit Feuilloley, avocat général à la Cour de cassation, lequel « sera, dans la réalité des choses, le plus puni ? Ce sera manifestement le demidément, c'est-à-dire le moins coupable ! Car, comme le disait très judicieusement G. Bonjean, cet individu n'attache guère d'importance à ce qu'il soit dit, dans le langage officiel, qu'il est retenu au lieu de détenu et à ce que le mot *asile* plutôt que celui de *prison* soit inscrit sur la porte de l'établissement où il sera placé. Qu'il soit enfermé pour être douché, au lieu de l'être pour faire des chaussons de lisière, peu lui importe. Dans l'un comme dans l'autre cas, c'est la privation de la liberté ! Ce sera donc, je le répète, le moins coupable qui souffrira le plus. Est-ce juste ? »

Et l'aliéné ! Il est bien moins coupable encore et on le prive bien plus longtemps de sa liberté dans un asile, même s'il n'est pas criminel. « Car, comme dit Grimanelli, aujourd'hui ce ne sont pas seulement les aliénés qui ont commis des actes criminels ou délictueux qui sont séquestrés d'office, et souvent jusqu'à la mort, mais les aliénés reconnus dangereux sans avoir même commis aucun acte délictueux. Donc, cette privation prolongée de la liberté, cette diminution grave de la personne humaine, la société l'inflige sans remords lorsqu'elle a affaire à des malades qui n'ont pas jeté une perturbation profonde dans l'ordre social. Par conséquent, si l'objection avait une valeur, elle prendrait une telle extension qu'il serait impossible d'en tenir compte. »

De plus, je crois que le demifou comprend encore bien la différence qu'il y a entre une prison et un asile, entre l'endroit où on *punit* et l'endroit où on *soigne*.

En tous cas, si la société a le *devoir* de soigner tous les malades, elle a le *droit* de les soigner par force *quand ils sont dangereux*.

d). — Cette surveillance médicale et ce traitement obligatoires des demifous criminels après l'expiration de la peine doivent se faire, non dans un asile ordinaire d'aliénés, mais dans une *maison de santé spéciale*, tout au moins dans un *quartier spécial* d'asile.

Cette manière de voir a été celle de la plupart

des orateurs dans la grande discussion de la *Société générale des prisons*. C'est même l'avis de Michelon qui ne veut pas admettre la responsabilité atténuée, mais reconnaît que les délinquants demifous ne doivent pas être traités comme les autres : « ici, dit-il, tout le monde se trouve d'accord sur la question essentielle. Juristes, médecins et sociologues sont unanimes à constater la lacune de notre système répressif...

« Puisque ni l'asile, ni la prison ne conviennent à notre catégorie de criminels, la nécessité s'impose de créer des établissements spéciaux qui (comme dit Tarde) offriraient à la société la sécurité que le premier genre d'établissements ne lui procurerait pas au même degré et que le second lui donnerait aux dépens de la justice. »

On a cependant fait des objections (Voisin, conseiller à la Cour de cassation, et Georges Bonjean, juge au Tribunal de Paris) à la maison de santé spéciale et certains (Charles Constant) préfèrent les œuvres de *patronage*.

Sans revenir sur la réalité scientifique et médicale de la responsabilité atténuée et sans vouloir diminuer en rien l'étendue des très-réels services que rendent les patronages, je crois qu'ils ne suffisent que pour les responsables, de même que le médecin suffit aux irresponsables ; aux demiresponsables il faut à la fois le traitement moral et le traitement médical dans une maison spéciale. « Notre très modeste espérance, dit Maurice de Fleury, est d'obtenir... la création d'hôpitaux-prisons, destinés aux aliénés et aux grands névropathes criminels, maisons mixtes où le médecin serait appelé à jouer — de concert avec l'instituteur et l'aumônier — ce rôle moralisateur auquel nous aspirons et qui nous incombe vraiment. »

e). — Combien de *temps* devront durer cette surveillance médicale et ce traitement obligatoires et par quelle procédure l'*exeat* sera-t-il donné au criminel demifou?

Le jugement ne peut évidemment pas porter la durée de cette période de traitement. Le médecin est seul juge du moment où le sujet est guéri totalement (ce qu'il vaudrait mieux attendre, toutes les fois que c'est possible) ou tout au moins du moment où le sujet est assez amélioré pour avoir recouvré l'entière responsabilité de ses actes. *Il faut le garder tant qu'on est disposé à atténuer sa responsabilité s'il commettait quelque nouveau méfait.* Le jugement pourrait tout au plus fixer un minimum et un maximum de temps au-delà duquel le condamné ne serait pas remis en liberté mais serait soumis à un nouvel examen soit du tribunal, soit (ce qui vaudrait mieux) d'une commission médicale spéciale (comme le demande Prins).

Sur ce point je suis tout à fait de l'avis de Michelon [1]. Il déclare qu'il faut « rejeter délibérément » la fixation d'avance de la durée de l'internement et s'appuie sur l'opinion de Garraud [2]. Il ajoute « qu'il ne suffit pas de la simple guérison, mais qu'il faudra la guérison radicale et excluant toute probabilité de rechute prochaine ». C'est ce qui est fait, paraît-il, en Angleterre et en Italie. Enfin on pourrait, comme le propose Feuilloley, ajouter la libération conditionnelle : « l'autorité chargée de prononcer l'élargissement de l'interné pourrait n'ordonner tout d'abord qu'une sortie d'essai, qui permettrait de juger si le criminel est bien guéri. »

f). — Cela dit, se pose la question du *rôle du médecin* et du rôle des *juges* dans la détermination de la responsabilité atténuée.

Paul Jolly le dit très bien: « je ne comprends

1. Voir aussi SALEILLES, *loco cit.*, p. 262, tout le chapitre VIII.

2. Parmi les cas dans lesquels on pourrait utilement appliquer l'idée d'indétermination, dit Michelon, Garraud range « ceux où il s'agit d'anormaux, de cérébraux imparfaitement responsables ».

guère la responsabilité limitée que comme résultant d'une expertise médicale ». De même, mon collègue Laborde, de la Faculté de droit de Montpellier, se refuse à admettre que « pour ces malades et dégénérés auxquels il faut restreindre l'excuse... le juge les déclare tels sans une expertise médicolégale préalable ». Le rôle du médecin apparaît en effet capital et ne saurait être méconnu : seul, le médecin peut *déclarer* si un accusé est responsable, irresponsable ou demi-responsable (toujours au sens physiologique ou médical défini plus haut, p. 66).

Il est nécessaire que cet avis médical, une fois donné, ne reste pas lettre morte pour le magistrat.

Henri Robert a rappelé une série de faits dans lesquels les tribunaux n'avaient tenu aucun compte de l'opinion des médecins et notamment celui de ce conseil de guerre appelé à juger un soldat qui avait tué la femme de son officier dans des conditions atroces et très-spéciales. Un médecin principal de première classe, après examen de l'accusé, conclut à la responsabilité atténuée ; alors le président fait appeler le gardien-chef de la prison militaire et lui demande son avis sur cette responsabilité : « mon colonel, répond celui-ci, je le crois responsable » et le soldat fut condamné à mort. Récemment la cour d'assises de Dijon a également condamné à mort un inverti dont le médecin expert avait déclaré la responsabilité atténuée[1]. Je pense que ce n'est pas à des faits de ce genre que le magistrat, dont j'ai cité l'opinion plus haut (p. 32), faisait allusion quand il disait avec satisfaction « qu'au cours de ces dernières années on compte nombre de cas où des accusés à responsabilité limitée ont été frappés avec autant de sévérité que s'ils avaient été déclarés sains d'esprit ».

En fait, l'opinion de la magistrature est faite : elle continue à demander aux médecins la déclaration de la responsabilité, de l'irresponsabilité ou de la responsabilité atténuée des prévenus [2]. Seulement pour que le médecin garde bien son

1. Le jury a demandé et obtenu la grâce de ce malheureux dont la famille avait, à plusieurs reprises, demandé antérieurement l'internement. Quelle catastrophe on aurait évité si on avait pu légalement retenir et obligatoirement traiter ce demi-fou, dès ses premiers méfaits, avant le double assassinat qui l'a amené aux assises.

2. « En 1895, au Congrès des aliénistes et neurologistes, le premier président Delcurrou a, dans une communication très remarquée, demandé la multiplication des expertises médico-légales et souhaité l'intervention du médecin neurologiste comme conseil habituel du magistrat au criminel. » (MAURICE DE FLEURY. *L'âme du criminel.* Bibliothèque de philosophie contemporaine, 1898, p. 110.)

rôle et son influence, il faut qu'il reste pénétré de l'importance de la mission qu'on lui confie [1] et il faut qu'il soit médecin et psychologue.

On ne peut pas admettre que toutes les causes philosophiques (Bonnefoi, greffier en chef à Paris), philosophiques et morales (Rougier) de la responsabilité atténuée appartiennent plutôt au juriste, tandis que les causes physiologiques appartiennent au médecin. Quand, avec Charpentier, on demande par qui sera faite l'étude de la responsabilité, « est-ce par le magistrat ou par le médecin ou même par le psychologue », il faut répondre : par le médecin qui doit en même temps être psychologue. Car *la psychologie nécessaire à ce problème se confond avec la physiologie des centres nerveux.*

Georges Bonjean le dit très bien aux médecins : « ne diminuez pas votre mission pour l'honneur de la science, pour la sécurité des inculpés, pour le bon renom de la justice ! » Un autre magistrat a dit de même : à la question posée sur la responsabilité « le médecin, comme un vrai juré de la science, doit répondre affirmativement ou négativement ». Et le Dr Legras : « je ne me fais jamais scrupule de répondre à cette demande, parce que,

1. Voir Cruppi. *La Cour d'assises*, 1898, p. 300.

quoi qu'on dise, dans son for intérieur le médecin expert va jusqu au fond de ses constatations et en tire toutes les conséquences, non seulement au point de vue de l'état mental ou physique, mais aussi au point de vue de la responsabilité du prévenu. »

g). — Cela veut-il dire que le médecin puisse, à lui tout seul, *prononcer* le degré de responsabilité d'un sujet ? Je ne le crois pas.

L'expertise médicolégale est indispensable comme point de départ. Si le médecin déclare un sujet responsable, la cause est entendue sur ce point et sans intervention du juge; mais si l'expert conclut à l'irresponsabilité ou à la demiresponsabilité, on peut discuter et admettre l'intervention du juge pour prononcer cette irresponsabilité complète ou incomplète.

La chose est vraie, même pour les aliénés, qui appartiennent encore bien plus exclusivement aux médecins que les demifous. Lors de la discussion au Sénat de la réforme de la loi de 1838 (voir plus haut p. 17, et plus loin chapitre VII), le docteur Combes, devenu depuis président du Conseil, avait voulu faire de l'internement des aliénés une question purement et exclusivement médicale. Ceci a été repoussé et était une exagération.

Avec encore plus de raison pour les demifous, il ne faut pas, comme dit Michelon, « substituer le médecin au juge et donner au rapport médical, comme certains le voudraient, l'autorité de la chose jugée. Et à cet égard nous devons repousser le système allemand qui, sous certaines conditions, subordonne la décision du juge aux conclusions des experts [1]. » Le médecin ne doit pas devenir « maître de la décision judiciaire [2] ».

Donc, le rôle du juge, quoique chronologiquement secondaire à celui du médecin, n'en est pas moins aussi nécessaire logiquement.

Cela posé, je n'ai pas à intervenir dans la question, discutée par les juristes, de savoir quelle est l'autorité judiciaire (jury ou Cour ?) qui aura à se prononcer. Ceci n'est pas de ma compétence et n'appartient pas au sujet de ce livre.

1. Et encore, continue Michelon, « il convient de faire remarquer que ces conditions sont telles qu'en fait le plus souvent la décision du juge reste absolument libre. En effet, il faut d'abord que les lois scientifiques auxquelles l'expert rapporte son opinion ne soient pas contestées ; en deuxième lieu, que l'application de ces lois à l'espèce soit rationnelle et enfin que les déclarations de l'expert ne soient pas en contradiction avec les aveux ou les dires des témoins de l'accusé (Labroquère) ».

2. De même, Saleilles : « il ne faudrait pas croire que l'on pût toujours se contenter d'un pur diagnostic pathologique et s'en remettre uniquement aux aliénistes. »

17. — Conclusions du chapitre.

1° Entre le bloc des raisonnables responsables et le bloc des fous irresponsables il y a le groupe des demifous à responsabilité atténuée ;

2° Ces demifous ont des caractères cliniques précis qui permettent de dire que leur existence est scientifiquement démontrée ;

3° Ces demifous peuvent être et sont souvent nuisibles à la société, qui a le devoir et le droit de se garantir contre leurs méfaits, tout en les assistant et en les traitant ;

4° Seuls, les médecins peuvent décider la demifolie d'un sujet ;

5° Quand un demifou a commis un délit ou un crime, on doit à la fois le punir et le traiter par force ;

6° Il est nécessaire et urgent que la demifolie soit officiellement introduite dans le Code pénal français [1].

1. Ce sont les conclusions générales de mes *Demifous* (p. 277) avec les deux suivantes en plus :

1° *bis*. Ces demifous s'imposent tous les jours à l'attention du grand public et à l'observation extramédicale ; aussi ont-ils envahi le théâtre et la littérature de tous les pays ;

2° *bis*. Ces demifous peuvent avoir une haute valeur sociale, comme en témoignent les nombreux supérieurs intellectuels qui ont présenté des stigmates de demifolie.

TROISIÈME PARTIE

CRITIQUE DE LA DOCTRINE

CHAPITRE QUATRIÈME

A. — QUELQUES OPINIONS CONCORDANTES AVEC CELLES EXPOSÉES DANS CE LIVRE

18. Les principaux points controversés. — 19. Tarde et Saleilles. — 20. A la Société générale des prisons. — 21. Quelques aliénistes : Vallon, Régis, Mairet.

18. — Les principaux points controversés.

La démonstration de la doctrine exposée dans les deux chapitres précédents (deuxième partie) va être complétée par l'exposé et la discussion des opinions émises par les divers auteurs, dans un sens ou dans l'autre, sur les mêmes questions (troisième partie).

Les points les plus controversés, sur lesquels la critique s'est exercée avec le plus d'ardeur, sont les trois suivants :

1° Quel sens faut-il donner au mot responsabilité dans les expertises médicolégales sur l'état mental des accusés ? c'est-à-dire *notion de la responsabilité physiologique* (ou sens médical du mot responsabilité), qui est ainsi complètement indépendante de la notion du libre arbitre,comme je l'ai exposé dans mon chapitre II ;

2° En dehors des bien portants responsables et des fous irresponsables faut-il admettre des demifous demiresponsables ? *notion de la responsabilité atténuée*, comme je l'ai exposée dans mon chapitre III ;

3° L'étude de ces questions et la détermination de la responsabilité des criminels appartiennent-elles au médecin et dans quelle mesure ? c'est-à-dire *notion du rôle du médecin* dans l'analyse de la responsabilité d'un criminel, comme je l'ai exposée à la fin de ce même chapitre III.

Voilà les trois points sur lesquels nous allons voir les auteurs se diviser.

Je vais commencer par l'exposé de quelques opinions plus ou moins complètement conformes à ma propre manière de voir. Ce chapitre sera plus court que les suivants, ceux-ci devant contenir la discussion après l'exposé.

Il est bien entendu que je ne donne pas du tout les opinions suivantes comme des *adhésions* à ma doctrine. La plupart ont été exprimées *avant* mes propres travaux et en tous cas *indépendamment*. L'exposé de ces manières de voir montrera seulement que je ne suis pas seul à défendre une doctrine que je n'ai pas inventée.

19. — Tarde et Saleilles.

Je rapproche tout d'abord Tarde et Saleilles : l'un, déterministe avéré, l'autre, partisan du libre arbitre, l'un et l'autre défenseurs, également convaincus, « sur le terrain sociologique tout au moins, de la survivance et du maintien de l'idée de responsabilité ». Ces deux noms ainsi rapprochés ne démontrent-ils pas admirablement cette idée, qui m'est chère, de la rencontre possible de tous les savants, quelle que soit leur opinion sur le libre arbitre, sur le terrain commun de la responsabilité des criminels.

1° Pour Tarde, dit Maurice de Fleury[1], « *l'idée de responsabilité morale demeure indépendante de la croyance au libre arbitre*[2] qu'il considère comme une hypothèse abandonnée, et d'ailleurs

1. Maurice de Fleury, *loco cit.*, p. 84.

2. Les divers passages soulignés dans es citations de Tarde et de Saleilles le sont par moi.

inutile. Nous devons considérer et traiter comme responsable tout homme qui s'est montré violemment antipathique à ses pareils, insociable, à condition qu'il soit identique à lui-même... *Bien que nous ne soyons pas libres, la société ne peut, en aucune façon, traiter les hommes, ainsi que des chiens enragés dont on se débarrasse.* »

« Je ne connais pas de jury, dit Tarde [1], ni de tribunal quelconque qui ait jamais songé à se demander, avant de condamner un homme, s'il avait été cause première ou seulement cause seconde de son acte. Cause réelle, cela suffit. Il est une causalité intérieure, un *déterminisme psychique*, comme dirait M. Fouillée, qui fait que notre acte est vraiment *nôtre*, qu'il nous appartient, à nous exclusivement. »

Qu'est-ce donc en définitive que l'idée de responsabilité et d'irresponsabilité [2] ?

« La responsabilité d'une personne envers une autre suppose ces conditions réunies : 1° qu'il existe un certain degré de similitude sociale entre ces deux personnes ; 2° que la première, cause de l'acte incriminé, ait été *elle-même* et soit restée

1. TARDE. Préface au livre cité de Saleilles, p. III.

2. TARDE. *La philosophie pénale*. Bibliothèque de criminologie, 4ᵉ édition, 1903, p. 85, chapitre III, Théorie de la responsabilité; et p. 151, chapitre IV, Théorie de l'irresponsabilité

ou paraisse être restée identique à elle-même. »

Cela veut dire, dans un langage différent, que pour être responsable, un individu doit avoir son être psychique, sa personnalité, son moi normaux. Il est au contraire irresponsable quand son moi ou son être psychique sont malades, quand il a une maladie de la personnalité.

Tarde se demande en effet : « dans quelle mesure et pour quelle cause, certains états, tels que la folie, l'épilepsie, l'ivresse, la vieillesse, l'hypnotisme, rendent-ils irresponsables ? » Et il répond : « pour deux raisons, la folie nous rend irresponsables ; parce qu'elle nous *désassimile* et parce qu'elle nous *aliène*, parce qu'elle nous fait étranger à notre milieu et parce qu'elle nous fait étranger à nous-même. Elle refond le moi, bien que, le plus souvent, elle le fasse tomber du côté où il penchait déjà... Tous les genres de folie sont précédés d'un trouble cérébral, d'une anxiété mentale qui dénote l'intrusion d'un élément étranger, la contradiction interne à laquelle le sujet est en proie. Un grand changement dans le caractère, tel est, comme le dit Maudley à plusieurs reprises, le premier et nécessaire symptôme de la folie, notamment de la folie morale. Il faut que l'individu *ne soit plus le même*. Si l'on doutait d'ailleurs de la dualité intérieure qui constitue l'aliénation, on n'a qu'à lire dans les écrits des aliénistes la peinture de ces terribles états de conscience où le fou lutte contre la tentation qui l'obsède. »

Tarde applique les mêmes principes à la notion de responsabilité atténuée. Il parle de « cette anomalie, de cette *originalité* de l'individu, pour employer l'euphémisme habituel », qui est « essentielle » et « creuse une dissemblance partielle sous ce rapport, entre les autres hommes et lui. Si donc elle consiste, par exemple, à rechercher les décorations et les honneurs superficiels quelconques avec une avidité insensée, ou à éprouver en amour d'étranges appétits, les délits qu'il commettra pour satisfaire les passions dépravées lui seront imputables; car, d'une part, il appartient en somme à la société, d'autre part, il a voulu ces satisfactions délictueuses, il n'a pu même ne pas les vouloir et a montré ainsi le vice inhérent à sa constitution; mais ils ne lui seront imputables qu'en partie à raison de son hétérogénéité partielle. »

Et il conclut que « toutes les causes morbides qui ont pour effet de transformer plus ou moins profondément la personne » dégagent sa responsabilité « dans la mesure où elles portent atteinte à son identité ».

C'est bien dire que la responsabilité est parallèle à la santé psychique du sujet.

Voilà l'opinion d'un déterministe. Voici celle d'un partisan du libre arbitre.

2° Saleilles a fait, dans son livre sur *l'individualisation de la peine* (que j'ai déjà cité) un exposé très lumineux et très documenté d'idées tout à fait analogues à celles que je défends dans ce livre[1].

La première et la principale idée que développe tout d'abord Saleilles est celle-ci : il faut arriver à pouvoir conserver la notion de responsabilité sans se prononcer sur la question du libre arbitre, en niant même le libre arbitre. Il faut que les partisans du libre arbitre ne se croient plus le monopole de la responsabilité; il faut que les négateurs du libre arbitre ne se croient plus obli-

1. J'ignorais malheureusement le livre de Saleilles (paru cependant en 1898) lors de la publication de mon premier travail dans le *Journal de psychologie* ; c'est mon éminent collègue Charmont de la Faculté de droit de Montpellier qui m'a signalé « la tentative de son ami Saleilles, qui a fait un effort semblable pour trouver un terrain d'entente entre les partisans et les adversaires du libre arbitre et aboutit à la même conclusion : identité de la liberté et de la normalité physiologique ». Voilà pourquoi je n'ai cité et utilisé le livre de Saleilles que dans mes *Demifous*.

gés de nier pour cela la responsabilité. Il faut que les uns et les autres aboutissent aux mêmes solutions pratiques pour la défense sociale et l'étude de la responsabilité des criminels.

« Il ne faut pas, dit-il (p. 17), qu'un mot, ou qu'une question d'étiquette ou de drapeau, empêchent de s'entendre des gens qui poursuivent le même but. Il ne faut pas, par exemple, que des gens qui croient à la responsabilité et à la liberté, et grâce à Dieu, il y en a encore, se considèrent, en vertu même de leurs principes, comme éternellement attachés au même rivage, comme solennellement immobilisés dans les mêmes routines et qu'ils se refusent à accepter les moyens de défense sociale qu'une école opposée paraît leur offrir. Il y a aujourd'hui, précisément, une tendance pour les camps les plus opposés à se rapprocher et à s'entendre sur le terrain des solutions pratiques ; et c'est un grand bien et un résultat qu'il faut favoriser et appuyer de partout... Prenons d'abord la grosse question de la responsabilité : pendant longtemps c'était celle qui nous divisait le plus. Il semblait que tout bon déterministe, pour être logique avec lui-même, dût nier l'idée de responsabilité ; et il semblerait aujourd'hui qu'il dût, à moins d'inconséquence de nature à tout ébranler de son point de départ, accepter tous les postulats de l'école positiviste italienne [1]. Que d'heureuses inconséquences nous voyons cependant tout autour de nous; et comme l'on commence enfin à sentir le vide de ces démonstrations tout en syllogismes purs, qui, tant qu'elles restent un jeu de l'esprit, n'ont jamais fait échec à une idée nouvelle, pas plus qu'elles n'ont réussi à sauver les anciennes!... »

Ce terrain d'entente pratique est tout trouvé : c'est celui de la responsabilité médicale qui n'est fonction que de l'état des neurones psychiques et par suite n'a rien à voir avec le libre arbitre ou le fatalisme philosophique. C'est une idée que Saleilles a encore admirablement développée.

« Notre Code pénal français, dit-il (p. 74), sous ce rapport-là, aboutit à un résultat merveilleux. Il suppose le libre arbitre partout, mais il n'en parle nulle part. Il présume tout adulte responsable de ses actes ; pour faire tomber cette présomption, il exige la preuve de la démence ou d'un état pathologique similaire. Le mot de liberté n'est pas prononcé. *La preuve à fournir porte donc sur des questions de diagnostic pathologique, qui n'engagent aucune conviction philosophique*

1. Voir, plus loin, le chapitre VI.

ou religieuse. Donc, rien de plus simple. Le médecin légiste n'aura qu'à se prononcer sur l'existence ou non de la folie. *C'est un fait de sa compétence. On ne lui demande pas de se prononcer sur le libre arbitre. Et, s'il ne croit pas au libre arbitre, on n'exige de lui aucun sacrifice de conscience.* »

De là, on peut déduire une définition de la responsabilité (p. 127) « en dehors bien entendu de toute idée de libre arbitre ».

Dans « le discernement » il y a « un facteur de l'individualité morale » ; mais il faut « en outre tenir compte de la force et du fonctionnement de la volonté, de tout l'ensemble de la personnalité morale » et on a « *fini par s'en tenir à l'idée de normalité* ». *L'homme normal est une « entité capable de responsabilité* » et c'est « à la faculté pour l'homme de se déterminer par voie de motifs que cette normalité doit se référer ». Elle consiste « à subir à la façon des autres hommes l'influence des motifs ordinaires qui régissent la conduite et les actions humaines, tels que ceux tirés de la religion, de la morale et de toutes les idées courantes. Ne plus subir cette influence, ne plus se laisser impressionner par ce qui impressionne tous les autres, arriver d'abord à ne plus sentir ces motifs ; puis peu à peu à ne plus les comprendre, c'est s'éloigner de la normalité, jusqu'à ce que l'on en arrive à subir, sur l'impulsion des motifs ordinaires et normaux, un contre-coup et comme une réaction et un mouvement réflexes, tout contraires à ce que ressentent les autres hommes, ou même à paraître, ce qui n'est jamais qu'une apparence, même pour les fous, se décider sans motif ; et alors on est au pôle externe, celui de l'anormalité absolue, constitutive de l'aliénation mentale. Les degrés intermédiaires constituent le passage de l'un des pôles à l'autre, de la responsabilité à l'irresponsabilité [1]. »

A cette thèse qui paraissait « solide et définitive » on a fait de nombreuses objections. Saleilles les expose et les discute, notamment celles, très retentissantes, de von Liszt, professeur à l'Université de Berlin, dans son rapport au troisième Congrès international de psychologie.

En somme, Saleilles admet et demande que l' « idée de normalité » au fond reste « toujours la base pratique de la responsabilité pénale » (p. 133) ; « les contestations pathologiques n'interviennent

1. « Cf., sur tous ces points, Liszt, Die Strafrechsliche Zurechnungsfæhigkeit in *Zeitschrift fur die gesammte Strafrechts wissenschaft*, t. XVII, p. 75 et suiv. On trouvera un aperçu de cet important rapport de Liszt, donné par M. Roux dans la *Revue pénitentiaire*, 1897, p. 970). » (Note de Saleilles.)

au point de vue pénal que pour établir les anormalités psychologiques et ces dernières seules en définitive constituent le critérium fondamental de l'idée de responsabilité ou d'irresponsabilité » (p. 130). A propos de la responsabilité atténuée, « forcément le degré de morbidité cérébrale et psychique ne peut se mesurer, en ce qui touche la responsabilité pénale, que par le degré d'anormalité des volitions par rapport aux mobiles déterminants » (p. 129).

La doctrine de Saleilles peut se résumer dans ces passages : « cet état de responsabilité, ce n'est pas par la constatation expérimentale de l'état de liberté que nous l'apprécions, mais par une simple constatation d'ordre physique et naturel : c'est *l'état de normalité physiologique*. Le critérium de l'état de responsabilité devient, pour le vulgaire qui admet la liberté, ce qu'il est pour les déterministes qui ne l'admettent pas ; il se résout dans l'idée de normalité » (p. 147). Et ailleurs : ce n'est donc « pas l'acte qu'il faut frapper sous forme de sanction, mais l'état de normalité ou d'anormalité qu'il faut constater » (p. 134).

Dans tout cela il y a une haute application de l'idée d'individualisation de la peine que Saleilles exprime éloquemment (p. 139) : « on vient de nous montrer dans un drame superbe [1] que, lorsque, dans la collectivité sociale, l'association entre les hommes n'est plus que celle du lion partant en chasse avec les chacals qui le suivent en tremblant, les chacals, quand ils se croient assez forts, se révoltent. Eh bien, si la peine n'est plus que la griffe du lion qui s'abta sur sa proie, si ce n'est que la mise à l'écart d'un être assimilé à un fauve que l'on mettrait en cage [2], là aussi les chacals se révolteront ; et qui donc leur donnerait tort ? La seule façon de procurer la sécurité publique et d'aviser à la défense sociale, ce n'est pas de ruiner l'idée de responsabilité, c'est au contraire de l'implanter dans les consciences et de la fortifier de tout ce qui reste encore de foi dans les masses. Donc, d'une part, un principe qu'il faut sauvegarder à tout prix, l'idée de responsabilité ; et, d'autre part, un but, qui semble en être la contradiction, celui de la défense sociale, qui prime tout, mais qui aboutit à *ne tenir compte que de la nature du criminel et très peu de son crime.* »

1. DE CUREL. Le repas du lion. *Revue de Paris*, 1897.

2. Aux sociologues qui veulent que la société se défende contre les criminels, même malades psychiquement, comme on se défend contre les chiens enragés, en les tuant, on peut répondre par cette phrase de Saleilles et celle de Tarde que j'ai soulignée plus haut (p. 134).

20. — A la Société générale des prisons.

Dans la grande discussion, déjà citée, de la *Société générale des prisons* sur la responsabilité atténuée, plusieurs orateurs ont défendu cette notion, dans le sens qui a été exposé plus haut.

Roubinovitch : « tous les inculpés soumis par les juges à un examen mental ne sont pas des aliénés ; mais beaucoup, un quart environ, de ceux qui ont paru étranges à l'instruction ont des tares psychiques qui diminuent, dans une mesure que le juge aidé par l'expert doit établir, leur responsabilité pénale... Pour moi donc, la responsabilité limitée existe cliniquement et, par conséquent, judiciairement. Sur 215 expertises que j'ai été appelé à faire, j'ai trouvé exactement 54 cas dans lesquels j'ai été amené à me prononcer pour cette forme de responsabilité. » Il analyse rapidement ces observations et conclut : « dans tous ces cas, il m'a été impossible de conclure à une irresponsabilité totale, parce que j'ai constaté chez ces individus, dans l'accomplissement de leurs actes délictueux, une conscience suffisamment nette ; tous savaient pourquoi ils agissaient et quel profit ils pouvaient retirer de leurs actes ; donc, dans la façon dont ils avaient accompli leur délit, il y avait quelque chose de normal. Si, d'autre part, je n'ai pas admis pour eux la responsabilité complète, c'est en raison de l'existence, à côté de ces actes délictueux savamment accomplis, d'un certain nombre de manifestations qui montraient que leur système nerveux n'était pas celui d'individus normaux. »

Legras, médecin à l'infirmerie spéciale du dépôt : « chacun de nous possède un organisme qui, physiquement, ne ressemble pas à celui du voisin... Cette dissemblance physique se retrouve fatalement dans l'organisation mentale et intellectuelle. Tel individu jouira d'un mécanisme cérébral qui, physiologiquement, fonctionnera sainement ; il sera conscient de ses actes et il sera équitable de le considérer comme ayant son entière responsabilité. Chez tel autre, au contraire, les facultés intellectuelles subissent des perturbations pathologiques ; il n'est pas douteux que la responsabilité des actes exécutés sous cette influence n'existe pas. Mais, dans la clinique médico-légale, apparaît un groupe intermédiaire très nombreux de prévenus chez lesquels le mécanisme cérébral ne fonctionne pas physiologiquement, tout à fait régulièrement, sans cependant être morbidement dérangé. » Après avoir cité l'exemple de l'épileptique, « de même, voici un prévenu rentrant cliniquement dans la classe des débiles intellectuels, chez lesquels une tare héréditaire ou accidentelle a déterminé, dans le fonctionnement des facultés, une sorte de grippage. Il peut travailler ; il n'est pas incapable de discerner le bien du mal; toutefois son mécanisme cérébral marche mal; il est comme une montre qui avance ou qui retarde. Est-il équitable de reconnaître à ces infirmes intellectuels une responsabilité aussi étendue ou aussi nulle qu'aux prévenus des deux autres catégories ? Ce serait d'une justice souverainement injuste. Dans l'appréciation de la conduite respective des prévenus, il faut tenir compte des nuances qui distinguent leur fonctionnement cérébral et, s'il est vrai, comme l'a dit Leredu, que la responsabilité atténuée ne peut recevoir une définition, elle n'en correspond pas moins à une situation clinique évidente. »

Pour von Liszt, « c'est un fait incontestable : il y a des individus à responsabilité atténuée, diminuée, limitée — l'expression importe peu; je vous accorde qu'elle manque de précision; si vous en trouvez une meilleure, je l'accepterai volontiers. Mais on ne peut pas contester qu'il y a des individus qui ne sont pas responsables ni irresponsables non plus, au sens juridique du mot. »

« Il est certain, dit aussi Leredu, qu'il existe des gens à tares physiologiques insuffisantes pour faire disparaître leur responsabilité, mais suffisantes pour obscurcir leur intelligence, rendre leur volonté vacillante, amoindrir dans une certaine mesure, une large mesure, une très large mesure, leur responsabilité. »

De même, Paul Jolly : « en fait, on ne peut contester l'existence, dans certains cas assez fréquents, d'une responsabilité limitée ; vouloir la nier serait fermer les yeux à la lumière. » C'est aussi l'opinion qu'exprime le président Henri Joly, membre de l'Institut et doyen honoraire de la Faculté, en clôturant cette longue discussion.

21. — Quelques aliénistes.

Voici maintenant enfin l'opinion de quelques auteurs classiques, tous aliénistes distingués.

Charles Vallon[1] : « entre l'intégrité des facultés intellectuelles et l'aliénation mentale complète, il y a des degrés presque infinis ; il est donc de toute logique d'admettre également des

1. Charles Vallon. *Traité de pathologie mentale de Gilbert Ballet*, p. 1467.

degrés entre la responsabilité complète et l'irresponsabilité. Cette manière d'apprécier la responsabilité légale » est « tout à fait conforme aux données de la science... Il est des inculpés qui, tout en n'étant pas aliénés et par suite irresponsables, présentent un état mental particulier dont il est juste de tenir compte dans l'appréciation de leur responsabilité... En dehors de leur aliénation mentale qui supprime toute responsabilité, nombreux sont les troubles de la santé cérébrale, les insuffisances intellectuelles de nature à constituer une excuse, une circonstance atténuante, en d'autres termes à atténuer la responsabilité d'un délinquant ou d'un criminel. Plusieurs de nos rapports ont pour objet des faits de ce genre... Il n'est pas possible d'indiquer mathématiquement la mesure de l'atténuation, mais on peut employer des expressions de ce genre : atténuer sa responsabilité dans une certaine mesure ; — dans une large mesure ; — dans une très large mesure ; — dans une mesure qu'il appartient aux magistrats de fixer ; — dans une mesure dont les magistrats, dans leur sagesse, sauront fixer l'étendue. »

Régis [1] : « les partisans les plus convaincus

1. Régis. *Précis de psychiatrie.* Nouvelle Bibliothèque de l'étudiant en médecine, 3e édition, 1906, p. 917.

de l'irresponsabilité absolue des aliénés ont admis eux-mêmes, en termes formels, la responsabilité simplement atténuée des demialiénés et J. Falret a dit à cet égard : ... ce sont là des états mixtes, intermédiaires entre la raison et la folie, dans lesquels il est permis de discuter le degré de responsabilité, d'admettre la responsabilité entière ou la responsabilité atténuée selon les cas et où il n'y a pas lieu d'appliquer le critérium de l'irresponsabilité absolue... Il nous semble difficile de ne pas se rallier à l'opinion si juste de Falret. » Et Régis continue : « l'humanité, disais-je aux jurés dans un procès récent, ne se divise malheureusement pas, psychologiquement, en deux catégories tout à fait distinctes : d'un côté, les sains d'esprit entièrement responsables ; de l'autre, les aliénés entièrement irresponsables. Entre les deux existe une vaste province, dite zone frontière ou mitoyenne, peuplée d'individualités tarées à divers degrés et comportant, par suite, des responsabilités très-différentes. Bien qu'on ne puisse pas mesurer le degré de responsabilité de ces intermédiaires au millimètre, on peut cependant établir pour eux, à ce point de vue, comme une échelle proportionnelle, en se servant d'une notation assez précise pour marquer trois degrés progressifs dans l'atténuation : atténuation légère, atténuation assez large, très large atténuation. Ce sont en effet les trois termes dont on se sert habituellement. Cette connaissance de la responsabilité atténuée et de son mode d'application en pratique a d'autant plus d'importance pour le médecin expert que, dans un grand nombre de cas soumis à son examen, dans le plus grand nombre pourrait-on dire, il s'agit d'états pathologiques incomplets, intermédiaires, comportant non une irresponsabilité absolue, mais une responsabilité atténuée. »

Mairet [1] : « le temps n'est plus où l'on pouvait diviser les hommes en deux groupes au point de vue de la responsabilité : les responsables et les irresponsables ; la science a progressé. Elle montre qu'il est des individus dont le fonctionnement psychique se fait mal, soit par suite de quelques anomalies de développement, soit par suite de déchéance, soit pour quelque autre cause. Or, quoique ces individus ne soient pas des aliénés, le fonctionnement de leur activité est cependant troublé, rendu anormal, et, par suite, leur responsabilité est plus ou moins diminuée, atténuée. C'est là un fait aujourd'hui communément ad-

1. A. Mairet. *La responsabilité. Étude psychophysiologique*. Travaux et mémoires de Montpellier, 1907, p. VIII, 111.

mis ; diverses législations l'ont sanctionné en l'insérant dans leurs Codes. Pour ne pas avoir passé dans le nôtre, ce fait ne s'impose pas moins en France à l'attention de tous. » La responsabilité « est intimement liée au fonctionnement cérébral, son étude est donc d'ordre biologique et, par conséquent, elle appartient au médecin... Envisagée ainsi, la responsabilité, on le verra, apparaît comme une véritable fonction à laquelle concourent l'intelligence et la sensibilité et qui fournit à l'homme des armes lui permettant de lutter contre les moyens que déploie le mobile qui l'entraîne à quelque acte délictueux ou criminel et d'arriver à une détermination et à un vouloir opposés à ceux nés du mobile. C'est sous ce jour que je voudrais l'étudier, sans préoccupation métaphysique ou autre, en médecin... Les moyens que possède l'homme normal étant assez puissants pour lui permettre de résister au mobile qui l'entraîne, peu importe la force de ce mobile, cet homme est responsable... à l'encontre de ce qu'on pense généralement, l'étude de la responsabilité appartient donc bien, sinon dans son essence, du moins dans son expression, au physiologiste et par suite au médecin... La fonction responsabilité étant liée à l'activité de nos cellules cérébrales, il est naturel que les atteintes pathologiques subies par ces cellules puissent altérer cette fonction. C'est ce que prouve la clinique. » Parlant ensuite des demifous, « il est certain, dit-il, si on admet leur responsabilité, que la fonction dont elle est l'expression est trop atteinte pour que, au point de vue de la lutte, ils puissent être placés sur le même pied que l'homme normal ; leur responsabilité par rapport à celle de celui-ci est, de ce fait, amoindrie, atténuée. » Nier la responsabilité atténuée « ce serait demander à un homme affaibli de fournir dans le même laps de temps la même somme de travail qu'un homme bien portant ; ou à un ouvrier ayant un outil défectueux de faire un travail aussi vite et aussi bien fait que celui qui en a un bon. Pareille chose n'est pas possible. » Ces demifous sont « susceptibles de lutter ; ils sont donc responsables. Mais étant moins bien armés que l'homme normal pour la lutte, on devra leur tenir compte de cette faiblesse, leur responsabilité sera moindre; ils auront une *responsabilité atténuée*. Les atteintes à la fonction étant plus ou moins profondes, cette responsabilité a naturellement des degrés... Ce degré, le médecin peut s'en rendre compte. »

Je n'ai pas su résister à la tentation de faire

cette série de longues citations [1] : ce chapitre me fournira des armes pour répondre aux auteurs dont je vais maintenant étudier les opinions en opposition avec la mienne [2].

1. Nous verrons plus loin (22 et 23, chapitre V, 3e partie) qu'il faut aussi ranger Gilbert Ballet parmi les partisans de la responsabilité atténuée au point de vue du *fait médical*. Nous avons vu plus haut (p. 101) qu'il en est de même de Parant.

2. Le nombre et la valeur de mes adversaires prouvent au moins que les idées défendues dans ce livre sont moins banales et classiques qu'on ne le croirait au premier abord.

CHAPITRE CINQUIÈME

B. — OPINIONS DIFFÉRENTES DE CELLES EXPOSÉES DANS CE LIVRE

I. — *Le rapport de Gilbert Ballet et le vœu du Congrès de Genève* [1].

22. Gilbert Ballet à la Société générale des prisons. — 23. Le rapport au Congrès de Genève. — 24. Les autres orateurs du Congrès : Giraud, de Saint-Yon ; Francotte, de Liège ; Joffroy, de Paris ; Régis, de Bordeaux ; Bard, de Genève ; Bernheim, de Nancy ; Alexandre Paris, de Nancy ; Vallon, de Paris ; Dupré, de Paris. — 25. Quelques articles inspirés par le Congrès : A. Marie et Roubinovitch ; Binet-Sanglé ; le *Journal des praticiens* et le *Caducée* ; Victor Margueritte et Léon Millot. — 26. Conclusions. Graves conséquences du vote de Genève.

22. — Gilbert Ballet à la Société générale des prisons.

Le rapport de Gilbert Ballet au Congrès de Genève dont j'ai parlé plus haut (p. 27) et dont j'ai conté les origines et les conséquences n'a pas été une surprise pour le monde scientifique :

1. Voir : L'idée médicale de responsabilité au Congrès de Genève. *Journal de psychologie normale et pathologique*, 1907, 15 novembre.

notre éminent collègue de Paris avait déjà eu l'occasion d'exposer sa manière de voir, notamment à la *Société générale des prisons,* lors de la grande discussion sur la responsabilité atténuée.

Dans cette discussion il a déjà très nettement affirmé que les questions de responsabilité ne sont pas de la compétence des médecins et que les experts ne doivent pas accepter, des magistrats, la mission de se prononcer sur la responsabilité ou l'irresponsabilité d'un criminel.

« Les questions de responsabilité ou d'irresponsabilité, dit-il, à moi, médecin expert, agissant et parlant uniquement comme médecin, me sont indifférentes, absolument indifférentes. *Elles ne me sont pas indifférentes comme biologiste ou psychologue;* mais, comme médecin expert, je considère que c'est par suite d'une habitude regrettable que les magistrats ou les juges posent au médecin la question de savoir si tel ou tel inculpé est responsable ou non, question que le médecin n'a pas qualité pour résoudre. Maintes fois il m'est arrivé, ayant à déposer en cour d'assises et étant sollicité par le président, qui n'était pas satisfait de mes réponses exclusivement médicales, de l'entendre me poser cette question avec une certaine impatience : mais enfin l'accusé est-il responsable ou non ? Je n'ai pas hésité à répondre :

Monsieur le président, je suis ici médecin ; je viens de vous indiquer *ce qu'a au point de vue médical* l'inculpé que je suis chargé d'examiner ; c'est à vous de décider s'il est responsable ou non responsable. La question que vous me posez est *d'ordre métaphysique ou psychologique;* ce n'est pas une question médicale. (*Applaudissements.*) »

Toute la doctrine de Gilbert Ballet est dans ce passage. J'ai souligné trois phrases qui peuvent être discutées séparément.

1° Comment un expert psychiatre peut-il ne pas être, dans son expertise, biologiste et psychologue? Comment, étant biologiste et psychologue, l'expert parvient-il à se dédoubler et à séparer sa personnalité de psychiatre et sa personnalité de biologiste psychologue? Si cette dissociation était possible, ne serait-il pas très fâcheux que l'expert la fît? ne deviendrait-il pas ainsi un expert incomplet, absolument insuffisant? Si les magistrats confient si volontiers et si utilement des expertises à Gilbert Ballet, c'est parce qu'ils savent que notre éminent collègue est un psychologue, en même temps qu'un médecin.

2° Si l'expert se contentait de dire aux magistrats « ce qu'a au point de vue médical l'inculpé », en quoi ce *diagnostic* pourrait-il les éclairer[1]? Il

1. Voir plus haut, p. 65.

ne suffit pas de savoir qu'un accusé est épileptique ou hystérique pour que l'on puisse, automatiquement, extramédicalement, déduire de ce diagnostic le degré de responsabilité ou d'irresponsabilité du sujet au moment de l'exécution de l'acte nocif incriminé.

L'expert ne doit pas seulement relever les stigmates physiques, comme la voûte ogivale dont on s'est tant moqué; il a également mission de relever les stigmates psychiques et surtout de dire au magistrat les conséquences de l'état psychique constaté sur la bataille prévolitive qui a précédé le crime. La normalité ou l'anormalité des neurones psychiques de l'accusé au moment de l'acte importent bien plus à la justice que le nom de la maladie dont le sujet est porteur.

L'expert ne doit donc pas seulement cataloguer les symptômes constatés; il doit les grouper, les interpréter et en tirer le diagnostic *complet*, c'est-à-dire le diagnostic de responsabilité, d'irresponsabilité ou de responsabilité atténuée. N'est-ce pas là une œuvre médicale au premier chef, exclusivement médicale?

3° Enfin on ne peut pas dire que la question posée par les magistrats soit une question « métaphysique ». A l'expert qui lui répondrait comme Gilbert Ballet, un président pourrait très bien répliquer : je ne vous demande pas votre opinion sur la nature de l'âme et son libre arbitre, vous pouvez être déterministe ou bouddhiste ; cela m'est égal. Quand je vous demande si, au moment où il a décidé et accompli son crime, l'accusé était responsable ou non, je vous demande uniquement s'il avait ses neurones psychiques normaux ou malades, et, dans ce dernier cas, à quel degré ; ceci est bien de votre ressort ; vous seul pouvez me le dire et vous auriez tort de vous récuser sur une question si nettement médicale ; ma question est « psychologique » ou plutôt psychophysiologique ; c'est pour cela qu'elle est médicale...

Georges Bonjean l'a très bien répondu à Gilbert Ballet : « que deviendrait l'action de l'expert si elle n'allait pas en fait jusqu'à une conclusion psychique ? Il n'aurait plus guère de raison d'être. »

L'étude du fonctionnement de l'appareil nerveux du psychisme et de ses détraquements appartient au médecin au même titre que cette même étude pour les autres appareils nerveux de la motilité ou de la vision.

Dans cette même discussion, Gilbert Ballet a tout spécialement combattu la responsabilité *atténuée*.

Quand un tribunal, a-t-il dit, tient compte de

la responsabilité atténuée dans un jugement pour abaisser la peine, « 1° on condamne (le coupable), — première faute, car vous condamnez un individu que le médecin n'a pu dire vraiment irresponsable, puisqu'il a la notion du bien et du mal et de la portée de ses actes, et qu'il n'obéit pas à un mobile absolument pathologique, mais qui est un anormal; 2° on le condamne à une peine légère, deuxième faute, au point de vue de la protection sociale tout au moins, — de telle sorte que vous avez mis sur le front de cet individu, qui est après tout un individu taré organiquement parlant, le stigmate du criminel qui ne devrait pas y être; d'autre part, vous n'avez pas protégé la société, car vous avez raccourci la peine, ce qui va permettre au délinquant de recommencer plus rapidement la série de ses méfaits (*applaudissements*). Vous avez donc fait à la fois — il faut le dire franchement, car il faut de la franchise dans une telle discussion, — de la mauvaise justice et de la mauvaise protection sociale. »

Je crois que toute cette argumentation tombe si on fait la distinction proposée plus haut (p. 85) entre la question médicale de la responsabilité atténuée et la question sociale de la conduite légale à tenir vis-à-vis des demiresponsables. Tous ces arguments de Gilbert Ballet sont en effet tirés des inconvénients des peines raccourcies et par suite ne visent que la seconde question. J'ai montré que cette seconde question est susceptible d'une solution autre que celle des courtes peines et que d'ailleurs sa solution laisse intacte et indépendante la première question, seule vraiment médicale et scientifique.

Cela est si vrai que, sur ce dernier point (question médicale de la responsabilité atténuée) nous nous retrouvons complètement d'accord avec Gilbert Ballet comme avec la plupart des neurocliniciens.

Gilbert Ballet cite en effet ailleurs l'exemple, indiqué plus haut, de l'épileptique commettant un crime en dehors de ses crises et ajoute : « je considère que, dans une telle situation, on est en droit de dire que sa responsabilité est atténuée, ce qui veut dire : le malade que vous me présentez est un malade qui a commis un crime ou un délit, non pas sous l'influence d'un mobile pathologique, mais sous l'influence d'un mobile ordinaire. Seulement, en vertu de son état pathologique, il présente une puissance de résistance moindre. Voilà une situation qui me paraît particulière, très différente de la situation des criminels que j'appelais tout à l'heure irresponsables, bien différente aussi de celle des responsables. A côté de l'épileptique, je pourrais placer l'alcoolique agissant non pas sous l'influence de l'hallucination, mais recevant par exemple une injure de son voisin et ripostant avec plus de véhémence et de vivacité, précisément parce que les habitudes alcooliques ont engendré chez lui une certaine irritabilité... Voilà des cas qu'il faut placer dans une catégorie intermédiaire entre ce que nous qualifions de pleine responsabilité et d'irresponsabilité. »

Voilà un passage très précis qui permet bien de joindre Gilbert Ballet aux autres grands aliénistes, dont j'ai plus haut (p. 147) cité l'opinion comme concordante avec celle exposée dans ce livre.

23. — Le rapport au Congrès de Genève.

La discussion du paragraphe précédent va me permettre de raccourcir celle du rapport présenté par le même savant au Congrès de Genève.

J'ai déjà dit plus haut (p. 27), la genèse de ce rapport, ses conclusions et le vœu conforme qui a été adopté à la fin du Congrès. Je dois le parcourir maintenant rapidement en indiquant les critiques que l'on prévoit par l'exposé de ma doctrine dans les chapitres précédents.

En matière d'expertise mentale, les questions de responsabilité sont-elles du domaine médical? Le rapporteur répond nettement : non ; il n'appartient pas aux médecins, mais uniquement aux magistrats, de se prononcer sur la responsabilité ou sur le degré de responsabilité d'un inculpé ; « les questions de responsabilité ne sont pas du domaine médical. »

Comme je l'ai dit plus haut (p. 53) Gilbert Ballet proclame très justement la nécessité de ne jamais plus employer le mot responsabilité qu'avec une épithète. Seulement il ne veut admettre que les deux épithètes « morale » et « sociale ». Je crois avoir démontré qu'il y a une troisième responsabilité : physiologique ou au sens médical. C'est celle sur laquelle les médecins sont consultés.

Gilbert Ballet expose très loyalement, discute très courtoisement et repousse impitoyablement mes idées du *Journal de psychologie* (voir plus haut, p. 62), dans lesquelles il voit des « distinguo subtils » et inutiles. « Le mot responsabilité appliqué en matière criminelle, de quelque façon qu'on l'envisage ou qu'on le torture, ou n'a pas de sens et devient dès lors un mot inutile, ou ne peut signifier que responsabilité morale ou responsabilité sociale. »

J'avoue que cette proposition, qui est vraiment le pivot de l'argumentation de Gilbert Ballet contre la responsabilité médicale, ne me paraît ni évidente ni démontrée dans le rapport. En quoi est-il plus « subtil » de distinguer la responsabilité physiologique que de distinguer la responsabilité morale et la responsabilité sociale? En quoi « torture »-t-on davantage le mot ou lui enlève-t-on tout « sens » en lui accolant cette troisième épithète, alors que nous sommes d'accord sur la nécessité de toujours accoler une épithète au mot responsabilité et sur la nécessité de distinguer et de préciser plusieurs sens à ce mot responsabilité?

Nulle part, continue le rapporteur, le mot responsabilité n'est prononcé dans le Code pénal français. L'expert n'est commis qu'en vertu de l'article 64 [1] qui parle uniquement de démence et de force majeure. Le médecin doit s'en tenir aux termes de cet article. « Si la généralité d'entre nous a pu, sans trop de scrupules, céder aux sollicitations des magistrats oublieux de la ter-

1. J'en ai donné le texte plus haut, p. 8.

minologie du Code pénal, nous ne saurions, sans des inconvénients graves, faire de cette condescendance une règle de conduite... Il ne faut pas confondre les exigences du Code qui est la loi avec celles des magistrats qui l'appliquent... Je suis médecin, seulement médecin; cet article (64) n'exige pas que je sois autre chose.» Et à la fin: « l'usage abusif et contraire à la lettre du Code, que l'on fait aujourd'hui des mots responsable, irresponsable, à responsabilité atténuée, tient en partie au légitime désir qu'a le médecin expert de répondre à la question posée par les juges, dans la forme même où elle est posée. Les objections que ces mots soulèvent sont valables pour le juge dans ses ordonnances, aussi bien que pour le médecin. Il est désirable que médecins et juges, s'en tenant aux termes de l'article 64 du Code pénal, renoncent à les employer. »

Voilà la conclusion majeure du rapport qui est très fortement et très nettement exprimée dans le vœu [1] adopté à la fin du Congrès : non seulement il ne faut plus prononcer le mot responsabilité qui est détestable, mais il faut s'en tenir à l'article 64 qui ne le prononce pas.

Voilà ce qui a été voté par la majorité d'un

1. J'en ai donné le texte plus haut, p. 28.

Congrès composé de médecins spécialistes très compétents qui, tous, ont fait des rapports médicolégaux sur la responsabilité des accusés ; je n'ose pas ajouter : et dont beaucoup (pour ne pas dire tous) continueront à faire des rapports médicolégaux sur la responsabilité des criminels.

Si, en condamnant le mot responsabilité, Gilbert Ballet avait proposé un mot meilleur que celui de responsabilité, on s'y serait rangé bien volontiers ; mais, malgré tous ses défauts, ce mot reste encore *actuellement* le meilleur, ou le moins mauvais si l'on préfère [1].

Comme, en fait, le Congrès a oublié de proposer un meilleur mot, comme par suite il a demandé non seulement le changement de désignation de la mission des experts mais même la suppression de cette mission en ce qui concerne la responsabilité, comme en même temps il n'a pas demandé la réforme et l'amélioration de cet article 64 et a demandé de s'en tenir toujours aux termes de cet article qui paraît ainsi suffire à la science d'aujourd'hui, — nous pouvons nous attendre à ce qu'à l'avenir, ce vœu à la main, avocats et procureurs généraux fermeront la bouche aux experts (dont les conclusions contre-

1. Voir plus haut, p. 52.

diront leur thèse) quand ceux-ci voudront parler d'irresponsabilité ou de responsabilité; ou même les magistrats ne consulteront plus les experts que quand la « démence », seule visée par l'article 64, sera tellement évidente que l'ordonnance de non lieu s'imposera avant toute intervention médicale.

« Quelle sera la conséquence de ce vote? Sera-t-il platonique ou non ? » se demande le *Bulletin médical* (17 août 1907). La question est angoissante. Car, si on en tient compte (c'est, je pense, le désir et l'espérance de ceux qui l'ont voté) « il y aura quelque chose de changé dans le temple de Thémis », comme dit *Le Matin* du 21 août, et ce ne sera pas pour le plus grand triomphe et la croissante influence de la médecine légale.

Avec la minorité du Congrès de Genève, je persiste à croire que les questions de responsabilité pour les criminels restent de la compétence des médecins, à la seule condition qu'on donne toujours, dans les rapports, au mot responsabilité son seul sens médical ou physiologique.

Si un doute subsistait encore dans l'esprit de quelques-uns sur cette définition du mot responsabilité dans les expertises demandées par les magistrats et faites par les médecins, le Congrès aurait pu demander aux magistrats (nous aurions tous voté cela, à l'unanimité) de préciser, à l'avenir, comme je le proposais plus haut (p. 66), dans leurs questions à l'expert, le sens « médical » (et non moral ni social) qu'ils donnent au mot responsabilité.

En tous cas, même sans ces précisions des magistrats, l'expert, dans son rapport, est toujours maître de préciser lui-même très-nettement le sens, purement médical, dans lequel il prend le mot responsabilité. Dans ces conditions sa conscience n'est-elle pas complètement à l'abri ?

Sans doute les médecins sont parfois embarrassés pour décider ces questions dans certains cas-frontières, compliqués et difficiles. Non sans malice, Gilbert Ballet me reproche de n'avoir pas indiqué les moyens d'apprécier et de mesurer la normalité des neurones psychiques. Mais ces moyens sont ceux que nous employons tous (et que Gilbert Ballet emploie mieux que nous tous et enseigne excellemment à ses élèves) pour apprécier l'état mental d'un sujet, quand nous tâchons de nous rendre compte de son intelligence, de sa mémoire, de son sens moral, de ses sentiments affectifs... En tous cas, on m'accordera bien que, sur tous ces points, sur le problème ainsi posé, magistrats et métaphysiciens seraient bien plus embarrassés et beaucoup plus sujets à l'erreur que les médecins.

L'argument tiré du silence de la loi pénale sur la responsabilité ne prouve qu'une chose, c'est que la loi est perfectible et, dans l'espèce, a besoin d'être réformée et complétée.

Depuis le mois de février 1810, date de la promulgation de l'article 64, la sociologie et la psychiatrie ont fait d'immenses progrès. C'est en vertu de ces progrès que ces médecins ont demandé[1] et péniblement obtenu que, *malgré le silence de la loi*, on les consultât sur la responsabilité, l'irresponsabilité ou le degré de responsabilité.

Et maintenant, reniant tout cela, ils semblent, par le vœu du Congrès de Genève, condamner toute l'œuvre de leurs prédécesseurs et déclarer que toutes les campagnes médicales antérieures ont été fâcheuses, regrettables, qu'il faut nous contenter de l'article 64 et par conséquent *revenir à la science de février* 1810!

Le public pourra dire, et avec grande raison, pour l'entière notion de responsabilité, ce que le

1. Voir plus haut, p. 9.

professeur Garçon [1] a écrit à propos de la responsabilité atténuée : « ce sont des aliénistes qui ont imaginé la théorie de la responsabilité limitée et qui ont prétendu l'imposer au nom de la science ; voici maintenant qu'au nom de cette même science d'autres la critiquent et la nient. » Que vont donc faire les criminalistes qui n'ont reçu « cette théorie qu'avec défiance et après protestation », qui ne s'étaient « laissé intimider » que par les « affirmations si péremptoires et si catégoriques des experts », qui n'avaient « capitulé » que devant « ceux qui parlaient si orgueilleusement, invoquant la science expérimentale » ?

Il faut remarquer d'ailleurs que cet article 64 a tellement vieilli que d'un commun accord on a changé le sens littéral de ses termes. « Tout le monde est aujourd'hui d'accord, dit Gilbert Ballet, magistrats et médecins, pour reconnaître que le mot démence de l'article 64 ne doit pas être pris dans l'acception restreinte que lui assigne la clinique psychiatrique (affaiblissement mental), mais qu'il désigne les troubles mentaux, quels qu'ils soient, susceptibles d'influencer pathologiquement les actes. »

1. LEGRAIN. *Éléments de médecine mentale appliquée à l'étude du droit*. Préface du professeur GARÇON, 1906, p. VIII.

Avec la même énergie Gilbert Ballet repousse également ou *paraît* repousser la responsabilité atténuée. Il ne la repousse en effet que parce que dans « responsabilité atténuée » il y a « responsabilité » et le rapporteur ne veut pas que le médecin prononce jamais ce mot de « responsabilité ». « Les objections, dit-il, dont me semble passible le mot responsabilité tout court s'appliquent aussi au mot responsabilité atténuée. Si le médecin n'est pas compétent pour juger la question de responsabilité, à plus forte raison ne l'est-il pas pour juger celle de l'atténuation de cette responsabilité. » Ce raisonnement apparaît d'ailleurs inattaquable.

Mais cette opposition à la responsabilité atténuée n'est qu'apparente parce qu'au fond et en réalité Gilbert Ballet admet les faits qui correspondent à cette notion. J'ai déjà cité plus haut (p. 160), des passages qui le prouvent dans la discussion de la *Société générale des prisons*. En voici d'aussi démonstratifs dans le rapport.

« Si je m'élève, dit-il, contre le vocable dont on a l'habitude de se servir pour caractériser les cas en question, je me hâte d'ajouter que je ne mets pas en doute, loin de là, la réalité de ces cas ; ils sont nombreux, les plus nombreux de ceux qui font l'objet des expertises médicolségales. Réserve faite sur les termes employés, je pense avec M. Régis... » Suit un passage de Régis [1] tout à fait favorable à la notion de responsabilité atténuée. Le rapporteur cite ensuite des exemples personnels (épileptique, alcoolique, criminel-né). Il proteste contre les affirmations des auteurs qui présentent « l'atténuation de la responsabilité » comme « un simple et commode expédient auquel l'expert recourrait volontiers dans les cas embarrassants et difficiles » ; et il ajoute : la « responsabilité atténuée... n'a pas été imaginée pour tirer (l'expert) d'embarras dans les cas difficiles... En fait, quand l'expert déclare atténuée la responsabilité d'un prévenu, il sait ou du moins il doit savoir nettement ce qu'il veut dire. »

Voilà donc qui est précis : Gilbert Ballet admet qu'il y a des accusés dont la responsabilité est atténuée. Or, avec le seul article 64, il ne peut pas être question de responsabilité atténuée, *sous un nom ou sous un autre*. Que fera-t-on donc de ces pauvres diables dont Gilbert Ballet reconnaît qu'ils sont « nombreux », « les plus nombreux » si, suivant le vœu du Congrès de Genève, on revient à l'application stricte et littérale de l'article 64 ?

1. Voir plus haut, p. 148.

On peut en changeant, en étendant et en modernisant le mot démence se contenter de l'article 64 pour faire innocenter un aliéné irresponsable ; mais *on n'a aucun moyen de déclarer que la responsabilité de certains autres est limitée ou atténuée.*

Ceci me paraît être une des objections les plus fortes contre le rapport de Gilbert Ballet et le vœu du Congrès de Genève. Il ne me paraît pas certain que tous les aliénistes de la majorité de ce Congrès aient compris qu'en votant ce vœu, ils prenaient, sous peine d'illogisme flagrant, l'engagement formel de ne plus jamais conclure, dans leurs rapports, à l'atténuation de la responsabilité du sujet, ni même, sous un autre nom quelconque, à la diminution de la santé psychique, de la capacité pénale... Ainsi comment faire excuser l'épileptique qui aura commis un crime en dehors d'une attaque? Voilà un cas sur lequel aucun médecin ne discute. Je ne vois aucune possibilité pour l'expert d'intervenir, d'une manière quelconque, en sa faveur, s'il adopte le vœu du Congrès de Genève, s'il s'en tient aux termes (même élargis) de l'article 64 et s'il refuse toute mission et toute expertise qui ne rentrent pas dans cet article.

On voit donc (je reviendrai sur ce point) qu'il

n'y a pas là une simple querelle de mots puisqu'on aboutit à une divergence grave de conduite vis-à vis des demifous: les aliénistes de la majorité de Genève n'ont plus le droit de s'occuper d'eux; seuls, ceux de la minorité peuvent encore essayer d'utiliser en leur faveur la tradition établie malgré le silence de la loi.

24. — Les autres orateurs du Congrès [1].

Je n'ai pas été le seul à discuter le rapport de Gilbert Ballet. Il me paraît utile, avant de conclure, de résumer l'argumentation qui a été présentée pour et contre la thèse du rapporteur.

1° Giraud, de Saint-Yon, ancien président du Congrès de 1905, combat la manière de voir de Gilbert Ballet.

Avec le rapporteur « il dit que les médecins ne doivent pas dans une expertise médicale faire de la métaphysique » ; mais, « sans aborder le moins du monde le côté métaphysique de la question », il « constate que la théorie de M. Ballet est en opposition, non seulement avec le principe qui sert de base à toutes les législations, mais

1. Voir la *Revue neurologique*, 1907, p. 855.

aussi avec une jurisprudence fort intéressante à considérer, sur la responsabilité civile des aliénés... M. Ballet nous dit qu'il ignore si l'homme ayant des centres nerveux sains, l'homme normal, est responsable. Il se place à un point de vue philosophique et, comme l'a dit M. Grasset, la voie philosophique conduit à une impasse. Quoi qu'en puisse dire M. Ballet, notre organisation sociale actuelle a pour base le principe de la responsabilité ». Peu de jours avant, l'orateur, après avoir lu le rapport de Gilbert Ballet « avec grande attention », n'a « pas cru faire acte d'une certaine faiblesse » en concluant que: 1° l'inculpée était atteinte de paralysie générale; 2° elle doit être considérée comme irresponsable de ses actes; 3° elle doit être mise à la disposition de l'autorité administrative pour être placée d'urgence dans un asile d'aliénés ». Et il ajoute: « quand on se borne à donner le diagnostic, on s'expose à ne pas être compris. J'en ai donné un exemple, il y a quelques années au Congrès de Marseille, dans la discussion du rapport de M. Taty sur les aliénés méconnus et condamnés. »

Pour la responsabilité atténuée, « la zone neutre de Maudsley », Giraud pense que « le danger ne se trouve pas dans le fait de mentionner les déductions qui découlent de la constatation des troubles existants. Le véritable danger est dans l'incertitude du diagnostic. »

Finalement il conclut : « je ne crois pas qu'on puisse imputer aux experts le fait que les juges appliquent de courtes peines aux dégénérés héréditaires délinquants parce que la tare héréditaire est considérée comme une circonstance atténuante. Je ne crois pas surtout qu'il suffise pour remédier aux inconvénients si bien exposés par M. Ballet de modifier la forme des rapports et de cesser de prononcer le mot de responsabilité. Si j'avais à formuler des conclusions sur la question qui nous occupe, je dirais : dans l'état actuel de la législation et de la jurisprudence, l'individu normal, qui a des centres nerveux intacts, est considéré comme responsable, tandis que les aliénés sont considérés comme irresponsables. Les déclarations relatives à la responsabilité ou à l'irresponsabilité des délinquants doivent toujours être, de la part des experts, le corollaire d'un diagnostic médical précis [1]. »

2° De même, Francotte, de Liège, ancien président du Congrès de 1903, dont j'ai cité déjà plus haut (p. 76, note 2) une déclaration relative au

1. J'ai cité plus haut (p. 82, en note), la dernière conclusion de Giraud relative à l'absence de phrénomètre.

libre arbitre, a « le regret de ne pouvoir (se) rallier à la thèse, que M. Ballet défend dans son rapport d'une façon si lucide, si brillante ».

« Pourquoi l'aliéniste serait-il incompétent en cette question de responsabilité que le premier venu a souvent à résoudre dans la vie pratique?... Et tout ce que tant de gens font d'instinct, sans préparation, les aliénistes exercés à l'observation, à l'analyse, à l'interprétation des phénomènes psychopathologiques, seraient incompétents pour le faire... L'existence des demifous ne saurait être contestée que par des théoriciens... Dire de quelqu'un qu'il appartient à cette catégorie, ce sera le taxer de responsabilité atténuée. On pourra même... spécifier le degré de l'atténuation, l'estimer faible ou forte selon qu'il apparaîtra que le sujet se rapproche plus de la santé que de la maladie. Si l'on jugeait que de pareilles évaluations sont un empiétement sur des domaines fermés au médecin, s'il fallait se borner à des constatations de fait, on aboutirait souvent à proposer une énigme au juge au lieu de lui fournir des lumières... M. Ballet propose de laisser les magistrats se débattre au milieu des difficultés que suscitent les états intermédiaires et il les engage à se tourner vers le législateur. Mais qui est mieux à même que le médecin, que l'aliéniste, de réclamer les réformes pénales dont il s'agit? C'est lui qui voit, qui sent les inconvénients se rencontrant en certains cas. C'est lui qui saura les exposer avec plus de force et indiquer les remèdes les mieux appropriés. En attendant ces réformes, malgré les profonds égards que m'inspire l'éminente autorité de M. Ballet, je compte persévérer dans mes errements antérieurs. »

3° J'ai déjà cité plus haut (p. 51) la manière de voir de Joffroy qui ne voit entre Gilbert Ballet et moi qu'une divergence sur le sens des mots.

4° Régis, de Bordeaux, ancien président du Congrès de 1902, croit bien, avec Joffroy, qu' « entre M. Ballet et nous, il n'y a qu'une affaire de mots, mais elle est primée par une autre question. L'expert a-t-il rempli sa mission quand il a fait connaître son diagnostic ? Contrairement à M. Ballet, je ne le crois pas. Le diagnostic est œuvre purement médicale et l'expertise médicolégale comprend quelque chose de plus : les conséquences médicolégales de ce diagnostic au point de vue de la responsabilité et de ses degrés. C'est après cela seulement que la décision judiciaire peut intervenir en connaissance de cause. Dans les cas d'accidents du travail l'expert peut-il se contenter d'indiquer la nature de l'accident? Ne doit-il pas préciser la capacité de travail qui reste à l'accidenté ? Et lorsqu'il s'agit d'interdiction est-ce que l'expert se borne à décrire les défectuosités psychiques du sujet, est-ce qu'il ne se prononce pas sur l'état de sa capacité civile ? Pourquoi alors l'expert devrait-il se refuser à parler de la capacité mentale, c'est-à-dire de la responsabilité, d'autant que ce mot a perdu, en justice, sa signification absolue? Qu'on le remplace, je ne demande pas mieux; mais je continue à croire que l'expert doit faire connaître la déduction médicolégale de son diagnostic. »

5° Bard, de Genève, approuve pleinement, pour sa part, « la proposition de M. Ballet de renoncer à l'emploi du terme de responsabilité dans les rapports médicolégaux destinés à la justice pénale. De quelque épithète qu'on l'amende, quelque définition restreinte qu'on en veuille donner, le terme de responsabilité éveille inévitablement chez tous ceux qui l'entendent, les notions de libre arbitre et de droit de punition correspondant ; le terme de responsabilité atténuée appelle, de même, inévitablement, chez les magistrats et les jurés, la résolution de se tirer, par l'expédient d'un raccourcissement de la peine, des difficultés autrement sérieuses du problème qui se pose devant eux. » Or, les demifous étant « les plus dangereux de tous pour la société et pour les individus », si Bard était législateur, il n'hésiterait pas à faire de cette demifolie « une circonstance aggravante exigeant l'allongement de la peine », sans croire « pour cela faire retour à la barbarie du moyen âge ».

En cherchant un nouveau mot pour remplacer celui de responsabilité, « il importe que ce ne soit pas un simple synonyme, procédant de la même idée, mais un mot de sens radicalement différent ». Car, ajoute-t-il, « on a beaucoup trop répété, au cours de cette discussion, qu'il n'y avait entre M. Ballet et ses contradicteurs qu'une différence de mots ; derrière ces mots se cachent en réalité des différences de conceptions et de doctrines, qu'il ne suffit pas de laisser tacitement hors de cause pour en effacer le rôle et l'influence. »

Bard propose enfin le mot « *discernement*, qui permet des degrés et que l'on emploie déjà dans des cas analogues lorsqu'il s'agit de délinquants encore enfants. »

6° D'après Bernheim, de Nancy, le médecin « ne peut savoir quel était son psychisme (du criminel), au moment du crime. Dans ce cas, il répondra que, en son âme et conscience, il ne peut pas dire si l'accusé avait une capacité de résistance suffisante pour lutter contre l'impulsion. Il n'en sait rien... pouvons-nous médecins, magistrats, jurés, coter sa culpabilité réelle ? pouvons-nous dire jusqu'à quel point il est responsable, jusqu'à quel point il est coupable ? Il faut avoir le courage de le dire : nous n'avons pas les éléments suffisants pour juger; en notre âme et conscience, nous ne pouvons juger un de nos semblables. »

7° Alexandre Paris, de Nancy, combat surtout le mot « responsabilité atténuée » qui « n'est pas une expression médicale ». Mais il ajoute : « est-il bien nécessaire que l'expert refuse un avis relatif à la sanction à donner à ses conclusions lorsque les magistrats le lui demandent expressément et qu'il sent pouvoir être réellement et loyalement utile ? Le médecin a-t-il à se préoccuper alors de savoir si les magistrats (jurés ou juges) sortent de leur rôle en étendant sa mission, en faisant appel à son expérience de cas analogues à celui qu'ils ont à juger ?... Il est tout naturel, et c'est une des grandes qualités du médecin, que l'expert aliéniste laisse généreusement toute son expérience à la disposition de la justice. » Et il conclut : « en résumé, je pense que, tout en se maintenant sur un terrain rigoureusement médical, l'expert aliéniste peut répondre aux questions qui ont pour but de faire appel à une expérience qui résulte uniquement de la pratique de sa spécialité, à l'expérience médicale qu'il a acquise de la mentalité suivant les circonstances du milieu, de crises physiologiques ou autres qui viennent agir sur elle[1]. »

8° « Depuis bien des années, dit Vallon, de Paris, futur président du Congrès de 1909, on vivait d'accord — magistrats et médecins — sur le mot responsabilité, et le besoin de modifier ce *modus vivendi* ne se faisait pas sentir. Pour ma part, j'emploie dans mes rapports le mot responsabilité, dans le sens que lui donne le magistrat, c'est-à-dire responsabilité vis-à-vis de l'article 64 du Code pénal. Je ne vois à cela aucun inconvénient. Je ne trouve aucun avantage à remplacer le mot responsabilité par celui de discernement. Il n'aurait qu'un résultat : faire augmenter les pénalités

1. J'ai indiqué plus haut (p. 38, note 3), la communication de Zangger de Zurich.

à l'égard des individus à responsabilité atténuée. Le Code prévoit des circonstances atténuantes : cette question est posée aux jurés et le médecin ne devrait pas leur faire connaître ces tares mentales qui peuvent atténuer la responsabilité de l'accusé! Pour ma part, je ne puis souscrire à pareille proposition. »

9° Enfin, Ernest Dupré, de Paris, s'associe aux conclusions de Ballet et propose, pour remplacer le mot responsabilité, celui de « faillibilité ».

J'estime, conclut-il, que ce mot exprime suffisamment les perturbations de l'intelligence morale : dans quelle mesure tel inculpé est-il faillible ?

En somme, si on laisse de côté les discussions sur le mot même de responsabilité et sur les mots plus ou moins heureux qu'on propose pour le remplacer, on voit que la doctrine de Gilbert Ballet a été combattue par la plupart des orateurs, et que, seul, Bard a fait un vigoureux plaidoyer dans son sens.

Je crois que tous les arguments présentés par notre distingué collègue de Genève perdent beaucoup de leur valeur quand on définit exactement la responsabilité physiologique au sens médical et qu'on sépare soigneusement la question médicale de la responsabilité atténuée et la question sociale de la conduite légale à tenir vis-à-vis des demifous. Je crois avoir montré que, sans courtes peines, on peut accepter et appliquer la notion médicale de responsabilité atténuée...

En tous cas, de cet exposé (que j'ai fait, de mon mieux, complet et impartial) il me paraît ressortir que cette discussion au Congrès de Genève, si elle n'a pas abouti à un brillant résultat, n'a du moins pas mérité cette phrase de Gilbert Ballet (*Le Figaro*, 7 septembre 1907) : « certes oui, il y a eu des *protestations*, mais je ne sache pas qu'il y ait eu de *réponse* aux arguments précis qu'ont fait valoir les partisans du vœu » ; est-il équitable de dire que nous tous, les « protestataires », nous avons « parlé surtout à côté de la question » ?

25. — Quelques articles consécutifs au Congrès.

La publication du vœu du Congrès de Genève a provoqué un grand mouvement de presse. J'ai déjà cité (p. 30) quelques articles sensationnels parus à ce moment ; je reparlerai, avec détails, dans le chapitre VI de ceux que Maurice de Fleury et Remy de Gourmont ont écrits à la même occasion. Je dois dire un mot de quelques autres, qui font partie de la documentation récente de la question.

1° *Le Matin*[1] a interviewé deux médecins aliénistes distingués : A. Marie et Roubinovitch.

« Vous savez, dit le premier, que, au commencement même du siècle dernier, la folie était *punissable*[2]. A la Salpêtrière, on recevait non seulement les filles marquées au fer rouge, mais encore les malades aliénés, qui couchaient à quatre avec les enragés et les galeux aux *Petites maisons*. Lorsque Pinel, Esquirol, d'autres psychiatres firent triompher la distinction nécessaire entre malades et bien portants, la démence ne fut plus punie. On séparait l'humanité en deux catégories opposées : malades mentaux et personnes saines. »

Plus tard, on reconnut que « du malade au bien portant, il y a tous les cas intermédiaires, et c'est alors que sont intervenues ces responsa-

1. La faillite de la justice scientifique (2e article). Ce que disent les médecins. *Le Matin*, 21 août 1907.

2. Nous verrons que certains bons esprits, très modernes, reviennent à une formule très-analogue.

bilités plus ou moins complètes, correspondantes aux divers états de santé mentale. Les experts, par la force des choses, vinrent à constater des demimalades, des demifous, partant des demi-responsabilités, des responsabilités atténuées... »

Le médecin expert ne saurait trancher la question du libre arbitre. « La seule chose qui relève de sa compétence indiscutée est l'étude complète du sujet soumis à son examen, de façon à en pénétrer le mécanisme et à pouvoir exposer son degré de morbidité. »

Pour Roubinovitch, il y a surtout là une querelle de mots et, comme je l'ai dit plus haut (p. 51), il propose de dire dorénavant *aptitude à agir raisonnablement* au lieu de responsabilité. Et il ajoute : « personnellement, dans mes rapports médicolégaux, j'ai parlé et je parlerai du degré de responsabilité ou d'aptitude à se conduire sainement. Il entre dans la fonction de l'expert de déterminer si un individu peut se conduire raisonnablement dans la vie. »

D'ailleurs il n'accepte pas ce principe : « à responsabilité atténuée, peines courtes. » Pour des dégénérés, il faut « l'établissement *d'asiles de sûreté* qui seraient le moyen terme entre la prison et l'asile d'aliénés. Les malades seraient retenus dans les asiles aussi longtemps qu'il le faudrait pour les guérir. »

On ne peut pas dire que ces deux interviews soient en faveur de la thèse de Gilbert Ballet. La note est différente avec Binet-Sanglé.

2° « Ce n'est pas la justice scientifique, dit Binet-Sanglé[1], qui fait faillite en ce moment : c'est la justice mystique. Notre système pénal est basé sur une croyance, la croyance à l'existence d'un moi autonome, doué de libre arbitre. Cette croyance est en contradiction avec toutes les acquisitions de la science contemporaine... Comment donc des médecins instruits et intelligents peuvent-ils parler de responsabilité? Tout crime est un acte de morbide et le médecin légiste, mis en présence d'un criminel, doit seulement indiquer le diagnostic, le pronostic et le traitement... Dans quelle maison de santé doit être interné et traité le criminel : asile de fous ou asile de dégénérés dangereux ? »

Nous retrouverons dans le chapitre suivant, à propos de l'école italienne, cette théorie qui considère *tous* les criminels comme des malades

1. BINET-SANGLÉ. La faillite de la justice scientifique (3e article). *Le Matin*, 24 août 1907.

et supprime le problème de la responsabilité en proclamant que personne n'est responsable.

3° Le *Journal des praticiens* (24 août 1907), dans un article intitulé « Brutalité et barbarie », stigmatise le vœu du Congrès de Genève dans lequel il voit un retour en arrière qui ferait oublier à la société ses devoirs envers les irresponsables criminels. « Dans une société où domine la loi du nombre, les minorités sont toujours sacrifiées. La bonté et la justice ne sont pas faites pour elles. »

Dans le *Caducée* (septembre 1907) Granjux constate d'abord que, dans la discussion au Congrès, la « thèse originale » de Gilbert Ballet « a été plus souvent combattue qu'approuvée par les divers orateurs qui se sont succédé à la tribune ». Il se demande ensuite quel « contre-coup » aurait ce vœu « pour les experts militaires » s'il était jamais mis en pratique et conclut : « nous pensons que, le jour où le médecin (militaire) se déroberait à la mission de confiance qui lui est confiée par le commandement, et ne couvrirait plus par une déclaration précise et catégorique le chef de corps ou le rapporteur du Conseil de guerre ne demandant qu'à s'incliner devant sa compétence professionnelle, le nombre des punitions graves et des comparutions devant les tribunaux militaires augmenterait considérablement, sans compter que la réforme des anormaux dont le diagnostic n'est pas assez grossier pour s'imposer au public, deviendrait bien difficile.

« Pour ces raisons, nous estimons que le mot responsabilité ne saurait être rayé du vocable des experts militaires, sans dommage pour l'armée, qu'autant qu'il serait remplacé par un autre mot, permettant tout à la fois au médecin de condenser sa pensée et à l'officier de se rendre compte de l'état psychique du militaire qu'il doit juger.

« Jusqu'à ce que ce mot nouveau ait été trouvé, il est prudent de se rappeler que la sagesse des nations recommande de ne pas changer un cheval borgne pour un aveugle. »

4° *La Dépêche* a publié, toujours à la même occasion, d'importants articles de Victor Margueritte et de Léon Millot.

La question discutée à Genève est, dit Victor Margueritte[1], « une des plus passionnantes ques-

1. Victor Margueritte. Opinions. Responsabilité. *La Dépêche*, 18 octobre 1907.

tions de sociologie qui soient ». Après avoir exposé la thèse de Gilbert Ballet, « pourquoi donc les médecins sont-ils faits? » s'écrie-t-il... « Querelle de mots. La responsabilité ou la non responsabilité ne se déduiront-elles pas, avec une rigueur évidente, du diagnostic du médecin expert?... Le médecin est au contraire parfaitement qualifié, il est même le seul qualifié pour éclairer les magistrats sur l'irresponsabilité ou la responsabilité et le degré de responsabilité d'un sujet donné... une fois admises ces différences de traitement, qui sera qualifié, sinon le médecin, pour désigner les malades et les non-malades, ceux qui sont médicalement responsables ou demiresponsables, ceux qui par suite ne méritent que la prison, ceux qui ont besoin de l'hôpital? »

En terminant, Margueritte adopte entièrement le vœu que j'avais proposé au Congrès (voir plus haut p. 29), qui n'a pas été adopté et qu'il veut bien trouver inspiré par « le plus net bon sens » et « la pitié la plus éclairée ».

La doctrine apparaît analogue chez Léon Millot[1]. A mon avis, dit-il, c'est « surtout une dispute

1. Léon Millot. Causeries. Pathologie et responsabilité; et La responsabilité des criminels. *La Dépêche*, 6 et 14 septembre 1907.

de mots que celle qui divisa naguère le Congrès des médecins ». « Jusqu'à la fin de ce globe terraqué les hommes différeront d'avis sur la question du libre arbitre. » Mais, étant donné le Code, « il semble bien qu'en définitive c'est au médecin de dire si, dans les limites fixées par la loi, l'accusé est oui ou non responsable. Le juré et le magistrat manquent des connaissances nécessaires pour décider de l'état mental de cet homme, puisque le Code confie à des experts le soin de l'examiner. Or, il est clair que cet examen n'aurait pas d'objet si les praticiens qu'on en a chargés n'émettaient pas de conclusions. » Les médecins « sont seuls qualifiés pour faire ces constatations ou alors le cordonnier du coin ou le fruitier d'en face, membres d'ailleurs très-respectables de la justice non professionnelle, pourraient faire d'excellents aliénistes. »

Et dans son second article : « que les médecins experts se bornent à déclarer à grand renfort de termes scientifiques que l'accusé est atteint de troubles des facultés affectives, d'illusions sensorielles, de névrose épileptique, de lypémanie religieuse, de la manie de la persécution, etc., sans préciser l'influence que ces maladies ont exercée sur son cerveau ; qu'ils parlent des centres nerveux, des circonvolutions cérébrales et qu'ils restent muets sur le degré de responsabilité de l'accusé, ils auront peut-être réussi à endormir le jury, mais ils ne l'auront pas éclairé. »

Léon Millot approuve mon vœu au Congrès et pour l'inscription dans la loi, que je demande, il fait remarquer très-justement que « cette réforme est inscrite, au moins en partie » dans la loi sur les aliénés votée par la Chambre en janvier 1907, dont j'ai déjà signalé plus haut (p. 19) les articles principaux et dont je reprendrai l'étude complète dans le chapitre VII. Faisant allusion au propos cité du *Matin* (voir plus haut p. 32) il dit, en terminant : « oui, quelque chose va changer chez la vieille dame aux yeux bandés ; mais, si le Sénat ne détruit pas l'œuvre de la Chambre ce sera dans un sens libéral et humanitaire et les accusés verront augmenter les garanties que la loi leur accorde. »

26. — Conclusions. Graves conséquences du vote de Genève.

Il me semble que des documents réunis dans ce chapitre et des divers arguments exposés dans les chapitres II et III il ressort que la doctrine de Gilbert Ballet n'aura probablement pas dans le monde médical et juridique le succès qu'elle a eu au Congrès de Genève.

Pourquoi donc demander solennellement, comme un idéal, le retour pur et simple, à ce Code suranné, promulgué trente ans *avant* cette fameuse loi de 1838, contre laquelle tout le monde proteste depuis plus d'un demi-siècle au nom des progrès de la science psychiatrique et dont nous regrettons tous que la démolition définitive n'ait pas encore été complètement votée [1] ?

N'eût-il pas mieux valu que tous ces hommes distingués et compétents, qu'un même amour du système nerveux avait réunis à Genève, au lieu de formuler des vœux pour le retour pur et simple à l'article 64, votent *la consécration par la loi de l'usage* établi par les magistrats, *à la sollicitation des médecins*, de demander aux experts leur avis sur la *responsabilité médicale* des inculpés c'est-à-dire sur leur *santé psychique ?*

Facilement on dira : il n'y a là qu'une querelle de *mots* et une querelle de *médecins*, deux choses qui ne sont guère intéressantes et auxquelles le grand public n'a rien à voir. Erreur, erreur grave ! Derrière les mots, il y a des *idées*, et derrière les médecins il y a les *malades*, deux

1. Voir le chapitre VII.

choses qui sont grandement intéressantes et dont le grand public n'a pas le droit de se désintéresser.

Supposez qu'on accepte le rapport de Gilbert Ballet (et il est bien vraisemblable qu'on sera tenté de l'accepter, signé d'un nom comme celui-là et approuvé par un grand Congrès d'aliénistes et de neurologistes). Qu'arrivera-t-il ? Les médecins ne s'occupent plus de la responsabilité, de l'irresponsabilité ou de la responsabilité atténuée des accusés ; on ne leur demande même plus de s'en occuper. Et alors? qui va s'en occuper? Les magistrats? La société que les magistrats représentent et doivent défendre ? Je ne le crois pas et voici pourquoi.

Parmi les sociologues s'établit de plus en plus une doctrine, terriblement dangereuse, d'après laquelle la société n'a à s'occuper des criminels que pour se garantir et se défendre contre eux ; il faut mesurer la peine qu'ils ont encourue à leur nuisance et à leur redoutabilité. On a beaucoup de tendance à faire comme la mère de famille qui punit beaucoup plus sévèrement un enfant qui *par inadvertance* a cassé un vase du Japon auquel elle tenait beaucoup, qu'un autre enfant qui *volontairement*, par colère, a cassé un vase de deux sous. Si dans l'application de cette doctrine le médecin n'est plus là, pour dire : halte-là ! voici un criminel malade dont vous devez vous garantir *par d'autres moyens* que la prison de tout le monde ; — si le médecin n'est plus là pour attirer l'attention sur la santé psychique de cet inférieur, s'il se récuse, s'il refuse de le dire, qui le dira ? *Personne*. Chacun se dira et répétera : si les médecins sont incompétents pour juger de la responsabilité d'un accusé, moi juré, moi juge, moi législateur ou sociologue je suis encore bien plus incompétent. Effaçons donc ce mot de responsabilité de nos pensées, profitons de ce qu'il n'est pas inscrit dans le Code pour ne pas nous en préoccuper. Ne pensons qu'à nous défendre. Voilà l'essentiel. Le reste est de la chinoiserie inventée autrefois par des morticoles assoiffés de réclames ; Gilbert Ballet et le Congrès de Genève ont très bien mis les choses au point. Quoi de plus vain, de plus conjectural que ces discussions en cour d'assises sur la responsabilité plus ou moins atténuée d'un accusé. Nous avons bien assez à faire en dehors de cela. Laissons ces questions désagréables de côté et ne nous occupons *que de la défense et de la protection de la société, vrai but et seul objectif de l'institution de la magistrature*.

Si cela se réalisait, ne serait-ce pas *effroyable*

(le mot ne me paraît pas trop gros) pour l'avenir des *malades* qui sont souvent très dangereux, et que dès lors il vaudrait mieux guillotiner le plus tôt possible, parce que c'est encore là le seul moyen de les rendre définitivement inoffensifs !

Mais, me dira-t-on, vous cherchez là une démonstration de votre thèse en la poussant à l'absurde ; jamais cette horrible hypothèse ne se fera jour ; on ne peut pas défendre des théories pareilles !

Ces théories, *on les a proposées et défendues*, et avec grand talent. Comme la chose est très importante pour la question que j'étudie dans ce livre, je demande la permission de démontrer cette proposition en exposant et en discutant dans le chapitre suivant les idées émises à propos de mes *Demifous* par Émile Faguet et par Pierre Baudin, en même temps que je rappellerai les théories de l'école italienne et que j'en rapprocherai les idées inspirées par le Congrès de Genève à Maurice de Fleury et à Remy de Gourmont.

CHAPITRE SIXIÈME

B. — OPINIONS DIFFÉRENTES DE CELLES EXPOSÉES DANS CE LIVRE (*suite*).

II. — *Sociologues, médecins et psychologues.*

27. École italienne : Lombroso, Ferri, Garofalo. — 28. Émile Faguet. — 29. Pierre Baudin. — 30. Maurice de Fleury (Horace Bianchon). — 31. Remy de Gourmont.

27. — École italienne : Lombroso, Ferri, Garofalo.

Les beaux travaux d'anthropologie criminelle des auteurs italiens et de leurs successeurs ont beaucoup servi, soit comme base, soit comme prétexte scientifique, à tous ceux qui veulent englober tous les criminels dans un seul bloc, les considérer tous comme des malades et, par cette voie détournée mais sûre, supprimer complètement la question de responsabilité des criminels.

Comme le dit Saleilles, « cette école italienne, dont les trois représentants les plus célèbres sont Lombroso, Ferri et Garofalo, s'est présentée tout d'abord comme une réaction directe contre la thèse du libre arbitre entendu à la façon classique. On faisait du crime une émanation de la liberté. L'école italienne envisage le crime comme un produit naturel, comme la résultante de facteurs purement naturels qui ne laissent plus aucune place pour l'idée de liberté. Pour Lombroso, ces facteurs sont presque purement anthropologiques. Pour Ferri, ils sont plus spécialement sociologiques; mais peu importe. » Dès lors, « du crime commis on n'est pas moralement responsable, puisqu'on ne l'a pas prévu en état de liberté ; on n'en est que socialement responsable, parce qu'on doit compte à la société des dangers et des dommages qu'on a pu lui causer. »

Pour ces auteurs, dit Maurice de Fleury, « c'est la fatalité du mal. Pour eux, par conséquent, un criminel n'est responsable que parce qu'il est dangereux ». Et il cite Garofalo : « le droit de punir, c'est simplement cette loi de nature en vertu de laquelle tout organisme, et en particulier l'organisme social, réagit contre ce qui trouble ses conditions d'existence... Jusqu'ici les peines sont graduées d'après une idée fausse de libre arbitre et de responsabilité morale. Il nous faut changer tout cela, nul n'étant libre, nous ne punissons plus en raison du degré de liberté, mais en n'ayant en vue que l'intérêt de la société et en proportionnant la peine à la redoutabilité du criminel. »

Ce n'est pas par son caractère résolument déterministe que cette doctrine nous intéresse ici, puisque nous étudions la responsabilité des criminels en dehors de toute préoccupation de libre arbitre. J'accepte même la doctrine de la « temibilité [1] » et j'admets que la société a le droit, non de punir, mais de se garantir et de se préserver.

Ce qui m'intéresse ici ce n'est donc pas le fond philosophique des auteurs italiens. Je ne suis ému que quand ils disent (ou quand on leur fait dire) que *tous* les criminels sont des malades ; que par suite il n'y a plus besoin d'étudier leur responsabilité ; que la société doit user d'un *droit de défense* sans le combiner avec son *devoir d'assistance* ; qu'il faut appliquer la *loi de temibilité* sans la combiner avec la *loi d'individualisation* de la peine ; qu'il faut revenir aux mœurs anciennes, ne tenir aucun compte de l'individu et ne tenir compte que de l'importance de son méfait...

Voilà les déductions que l'on a, logiquement ou non, en tous cas réellement, déduites des travaux de l'école italienne et ceci nous intéresse ici : car c'est la ruine de la thèse soutenue dans

1. *Temibilità* des Italiens : puissance de nuire et par suite crainte que le criminel inspire (Saleilles).

tout ce livre. Comme je le disais ailleurs [1], « avec cette doctrine l'idée de responsabilité disparaît et il n'y a plus besoin d'experts. Un fou ou un demifou peuvent être plus dangereux pour la société qu'un raisonnable ; ils devront subir une peine plus forte [2] quel que soit leur degré d'irresponsabilité. »

L'école française a vigoureusement réagi contre cette tendance de l'école italienne à ne tenir compte que du *crime* sans tenir compte du *criminel;* à dire que la peine est commandée par le *fait,* nullement par l'*individu.*

En réalité, la gloire de Lombroso est d'avoir, le premier, très-fortement et très-heureusement appelé l'attention sur la grave question, trop négligée avant lui, des *rapports de la criminalité avec la demifolie.* Car, il faut bien le reconnaître et le proclamer, c'est là la question particulière qu'il a étudiée et analysée. Avant lui et de tout temps, on séparait le *criminel-fou* des autres criminels, on le déclarait irresponsable et on le traitait dans

1. *Demifous et demiresponsables*, p. 225.

2. J'ai cité plus haut (p. 179) cette phrase de Bard : « pour ma part, si j'avais l'honneur d'être législateur, je n'hésiterais pas à en faire (de la demifolie) une circonstance aggravante exigeant l'allongement de la peine. »

un asile au lieu de le punir en prison. Mais ce qu'on ne savait pas reconnaître ou ce qu'on ne voulait pas proclamer, c'est la maladie du criminel qui n'est pas un fou, qui paraît lucide, mène la vie de tout le monde ou à peu près jusqu'au jour du crime, la *maladie du criminel demifou.*

Les nombreuses objections qui ont été formulées de divers côtés contre l'œuvre de Lombroso, s'adressent aux exagérations de sa doctrine, à la généralisation trop grande de ses idées, mais ne diminuent en rien le haut intérêt qui s'attache, depuis lui, à cette grave question des rapports de la criminalité et de la demifolie.

Ce que je reproche à l'œuvre de Lombroso, ce n'est donc pas son déterminisme, mais *l'étroitesse de base* de son déterminisme criminel ; c'est notamment le rôle exclusif, ou au moins très exagéré, qu'il attribue dans ce déterminisme à l'hérédité ancestrale. Il y a par exemple deux grands éléments dont il ne tient pas un compte suffisant : la morale et le milieu. Les notions morales, innées (héréditaires) ou acquises, l'éducation, l'instruction, l'exemple... ont sur le développement du criminel une influence positive, qu'il serait puéril de nier. Lombroso a exagéré l'importance du criminel-né et surtout de ses stigmates physiques. C'est ce qui ressort de tous les derniers travaux [1].

De plus il ne faut pas conclure des travaux de l'école italienne que tous *les criminels sont des malades*. Je ne crois pas qu'aucun auteur de cette école ait nettement dit cela ; en tous cas, ce n'est pas du tout scientifiquement prouvé et, à mon avis, ce n'est pas exact.

Des publications italiennes il ne faut conclure et retenir qu'une chose c'est que, parmi les criminels, à côté du groupe des criminels bien portants et raisonnables et du groupe des criminels fous et irresponsables (admis de tous temps), il faut distinguer un troisième groupes de *criminels malades qui ne sont pas fous :* ce sont nos demi-fous à responsabilité atténuée.

Si donc, comme je le fais constamment, on ne donne au mot responsabilité que son seul sens médical, indépendant de toute théorie sur le libre arbitre ou le déterminisme, les travaux de l'école italienne n'infirment en rien la doctrine de ce livre et contribuent au contraire à lui fournir un point d'appui scientifique.

C'est donc en me basant uniquement sur *l'ap-*

1. Voir Maurice de Fleury. *L'âme du criminel*, p. XI, 91, 115. — Morache. *La responsabilité. Étude de sociobiologie et de médecine légale*, 1906, p. 34 et 61.

parence des choses et non sur leur *réalité* que j'ai classé l'école italienne dans ce chapitre consacré aux opinions *différentes* de la mienne.

28. — Émile Faguet [1].

Émile Faguet ne s'est pas contenté de persifler spirituellement la théorie des demifous et de dire : Ah! oui. Demi-fou! Je connais ; tout le monde l'est ! Et par conséquent je m'en f... ou plutôt je m'en demi-f... — ou encore : « vous vous rappelez — c'est dans l'*Histoire comique* — la boutade d'Anatole France sur les médecins qui distinguent des moitiés de responsabilité, des tiers de responsabilité et des quarts de responsabilité et qui coupent la responsabilité par tranches comme la galette du Gymnase, discutant cependant entre eux quelquefois pour savoir s'il faut attribuer à un tel un douzième de responsabilité ou un dixième, comme on attribue un douzième de part ou seulement un demi-douzième aux sociétaires de la Comédie-Française [2]. »...

L'éminent académicien a fait dans *La Revue* un

1. Émile Faguet. Libres propos. *Le Journal*, 6 janvier 1907. Demifous et demiresponsables. *La Revue*, 1er février 1907.

2. Comparer l'article de *La Dépêche*, cité plus haut (p. 80)

article, très-aimable (comme tous ceux qu'il a bien voulu me consacrer), mais très serré dans la critique de mes idées.

Pour lui, il est impossible de tracer des limites scientifiques entre les fous. les demifous et les sains d'esprit ; il voudrait alors « que la question de responsabilité fût soigneusement mise à l'écart de la question de folie plus ou moins forte, plus ou moins caractérisée » ; car, au fond « le méchant est un fou, depuis l'assassin jusqu'au taquin... tout pervers est un déséquilibré... tout homme qui n'est pas dans la morale est un fou » ou, tout au moins, « tout homme qui ne vit pas selon les lois générales de la société où il est, tout homme qui transgresse le Code, n'est pas sain d'esprit. Je n'hésite pas, continue-t-il, à dire : tout homme que les juges condamnent (quand ils ne font pas d'erreur judiciaire) est un fou. *Par conséquent ne parlons pas de responsabilité quand il s'agit de criminels. Ils ne sont jamais responsables, précisément parce qu'ils sont criminels et parce que tout criminel est un aliéné* [1]; et, quant à aller chercher des demiresponsabilités, des responsabilités plus ou moins atténuées, c'est une pure chinoiserie. » Ni les médecins ni

1. C'est moi qui souligne.

les magistrats ne doivent s'occuper de responsabilité ; ceux-ci ne doivent même pas parler de *culpabilité ;* ils n'ont à déterminer que la *nocivité* de l'accusé. « Quel péril cet homme, coupable dans le langage de certains, fou dans la façon de parler de certains autres, fait-il courir à ses semblables par sa manière d'être ? » C'est absolument tout ce que ce juge ou juré doit se demander...

« — Donc, il faut se défendre contre les fous et les criminels de la même manière ? — *Absolument de la même manière ;* puisque vous ne savez jamais si vous êtes en présence d'un fou ou d'un criminel et puisque du reste fou et criminel sont mots ayant pour moi exactement le même sens. »

Je crois difficile d'exposer plus brillamment et plus franchement, je dirais presque plus courageusement, une doctrine qui est diamétralement opposée à la mienne et qui dépasse même celle de Gilbert Ballet : non seulement les médecins, mais les magistrats doivent se désintéresser de la question de responsabilité ; la société n'a qu'à se défendre vis-à-vis de tous les criminels et *par les mêmes moyens, qu'ils soient malades ou non.* Voilà bien les criminels abandonnés de tout le monde ; leur maladie disparaît dans les préoccupations de la société, dès qu'ils ont commis un crime, du moment qu'ils constituent un danger pour elle. La société n'a qu'une devise : Vivre et se défendre.

Je crois possible de combattre cette grave doctrine, mais je crois qu'il faut, pour cela, se placer sur le terrain *médical*, discuter au point de vue médical, avec des arguments médicaux, à condition par conséquent qu'on n'appliquera pas les idées du Congrès de Genève ; qu'on ne déclarera pas ces questions de responsabilité hors de la compétence des médecins ; qu'on permettra aux médecins d'intervenir dans ces débats[1].

En ne s'arrêtant pas aux cas-frontières qui, en médecine dans tous les chapitres, sont toujours flous, difficiles et peu probants, en prenant des cas bien nettement tranchés (et il y en a beaucoup) on peut reprendre et maintenir les distinctions entre trois catégories de sujets (sains, fous, demifous) que la plupart des médecins admettent aujourd'hui.

L'épileptique (je repète cet exemple, bien probant) qui met le feu à une maison ou assassine son voisin en pleine crise est différent de ce même épileptique qui commet le même crime en

1. Il serait bien à souhaiter qu'avec son grand talent Gilbert Ballet intervînt dans cette discussion, oubliant ainsi que dans son rapport il s'est condamné à ne pas le faire.

dehors de sa crise ; l'un et l'autre sont encore différents de l'homme sain commettant le même crime. On aura beau accumuler les termes de transition pour les mettre en série continue, ils n'en constitueront pas moins trois types différents [1] : la société doit se garder autant de chacun d'eux, mais *pas par les mêmes moyens*. Au premier il faut l'asile seul, c'est-à-dire un médecin pour le soigner ; au troisième il faut la prison seule, c'est-à-dire un geôlier pour le garder ; au second il faut l'hôpital et la prison, une peine et un traitement, un médecin et un geôlier [2].

1. C'est la seule idée que j'aie voulu défendre en combattant la théorie du *bloc unique*. Je ne nie pas la série des termes de transition ; mais je dis que cette *continuité* de sériation ne fait pas *l'identité* des termes et qu'on a le droit de décrire et d'étudier séparément des *types* bien définis dans ces termes de la série qui va de l'homme absolument bien portant au fou complet.

2. J'ai dû bien mal exposer ma manière de voir dans mes précédentes publications, puisque Dubief (Demifous et demiresponsables. *Le Siècle*, 26 février 1907) m'a fait le reproche suivant : d'après le professeur de Montpellier, les demifous « se distinguent des personnes raisonnables en ce qu'ils sont des malades justiciables seulement du médecin et de l'infirmier. Voilà certes une distinction inattendue ! Est-ce que les fous pour tout de bon seraient justiciables de quelqu'un d'autre que du médecin et de l'infirmier ? Tant il est vrai que l'artifice du groupement cher à M. Grasset est indéfendable ! » — Je ne sais vraiment pas si et où j'ai pu écrire que « les fous pour

N'y a-t-il donc pas à craindre que tout le monde soit déclaré fou ou au moins demifou et que les médecins fassent décréter l'internement de tous leurs semblables ? Cette question ne peut être posée qu'ironiquement. Il y a certainement des gens qui sont bien portants dans leurs centres nerveux et que les médecins jugeront tels.

De plus, notez que je ne parle de *traitement obligatoire* que pour les fous ou les demifous criminels, *après* l'acte nocif. Il y a une légion de demifous (ou même de fous) inoffensifs, ou même utiles à la société, dans le traitement desquels la loi n'a pas à intervenir. Mais, pour les criminels, j'ai l'absolue conviction qu'on éviterait beaucoup de grands et odieux crimes en traitant obligatoirement les demifous *dès leurs premiers délits*.

Sous ce titre « une région terrorisée », *Le Matin* du 21 septembre 1907 raconte l'histoire d'un individu qui « échappé d'un asile d'aliénés de l'Aisne, depuis six mois, vole, pille, cambriole les fermes, incendie les meules, dévalise les voya-

tout de bon sont justiciables de quelqu'un d'autre que du médecin et de l'infirmier ». En tous cas, j'ai toujours pensé et voulu dire le contraire, tandis que des demifous j'ai dit qu'ils étaient justiciables à la fois (quand ils étaient criminels) du médecin et de l'infirmier d'une part, du gendarme et du geôlier de l'autre.

geurs, viole les fillettes et terrorise impunément tout un pays ». Or, cet individu a, dès l'âge de quatorze ans, commis ses premiers méfaits et démontré qu'il était physiquement malade. Il a été condamné une série de fois pour vol, viol, insoumission militaire. Ce n'est qu'après dix ans de crimes et de condamnations qu'il est enfin examiné au point de vue médical sur la demande de son avocat, reconnu aliéné et enfermé dans un asile. La société ne se serait-elle pas mieux défendue contre ce criminel, n'aurait-elle pas prévenu les pires crimes en faisant examiner *plus tôt* ce malade par les médecins, et en le condamnant à un traitement *obligatoire* dans un établissement spécial dès ses premiers vols ?

Les exemples de ce genre sont très nombreux. J'ai déjà cité plus haut (p. 125) le malheureux jeune homme qui a assassiné deux de ses meilleurs amis et a été condamné à mort. Depuis très longtemps il donnait des signes évidents de demifolie. Si, dès ses premiers méfaits, on l'avait *condamné* à être traité dans un établissement spécial, un grand crime, le désespoir de deux familles et la mort de deux hommes auraient été évités.

Récemment, à Montpellier, dans les bureaux de *La Dépêche*, un alcoolique a failli tuer, de plusieurs coups de couteau, une jeune fille qui ne lui avait fait que du bien et contre laquelle il n'avait aucun motif d'animosité. Peu de temps avant, il avait eu affaire à la justice et un médecin avait déclaré qu'il n'était pas fou et ne pouvait pas être interné. C'était très vrai: mais il était demi-fou et, si la loi l'avait permis, on l'aurait traité obligatoirement dans un établissement spécial et le douloureux événement aurait été évité [1].

Rappelant un important passage de Pascal [2] et

1. Voir *La Dépêche*, 18 oct. 1907 et l'*Intransigeant*, 16 nov. 1907.

2. « Dans la *quatrième lettre* le jésuite dit à Pascal : nous soutenons comme principe indubitable qu'une action ne peut être imputée à péché, si Dieu ne nous donne, avant que de la commettre, la connaissance du mal qui y est et une inspiration qui nous excite à l'éviter. Autrement dit ; là où il n'y a pas de conscience, il ne peut pas y avoir de crime. Ce discours étonne Pascal. Le jésuite insiste : pour pécher, il faut *savoir* que la chose qu'on fait ne vaut rien, ou au moins en douter, craindre et bien juger que Dieu défend cette action. Là où il n'y a pas conscience, il n'y a pas crime. — Mais alors, s'écrie Pascal, plus un crime est monstrueux, plus il y a à dire qu'il est nul ! plus on est criminel, plus on est innocent ! Les pécheurs sans mélange, pleins et achevés, l'enfer ne les tient pas. Ils ont trompé le diable à force de s'y abandonner. Pascal est plein d'esprit, mais c'est cependant le jésuite qui a raison », conclut Faguet. — Or, le jésuite défend la doctrine de ce livre: pour que le criminel soit responsable, il faut qu'il juge bien... que ses neurones psychiques soient normaux.

une curieuse boutade d'Henry Fouquier[1], Émile Faguet m'objecte encore : mais alors il faudra me punir plus sévèrement, moi, honnête homme, pour une vétille, qu'un apache pour un crime.

C'est bien possible, répondrai-je à mon éminent contradicteur. Il est bien possible que vous ayez, il est même certain que vous avez, une *santé* psychique et morale bien supérieure et par conséquent une responsabilité médicale bien supérieure à la santé psychique et morale et à la responsabilité médicale de certains apaches. Si donc vous commettez, vous et cet apache, un acte nuisible à la société, on devra certes tenir compte de votre nocivité respective ; mais, si l'un est malade et si l'autre ne l'est pas, on devra aussi tenir compte de cela dans le choix du *moyen* qui sera ordonné pour garantir la société de l'un et de l'autre.

A la fin de son article Émile Faguet déclare aimablement : « ce qu'il y a de piquant, c'est que, quoique n'étant pas du même avis, nous arri-

1. Henry Fouquier ne cessait de répéter : « n'oubliez pas que l'homme de haute éducation, vous et moi, est beaucoup plus coupable pour une petite faute qu'un apache pour un grand crime. » — C'est vrai à condition de dire « *certains* apaches » ; car il y en a de très bonne santé psychique, entièrement responsables.

vons, M. Grasset et moi, aux mêmes conclusions ou bien à peu près, à ce qu'il me semble... Il faut à la fois les punir et les traiter. »

C'est en effet ma formule, mais pour les demi-fous seulement; je ne l'applique ni aux fous qui n'ont besoin que de traitement, ni aux bien portants qui n'ont droit qu'à une punition. Une nuance nous sépare encore, à mon grand regret, Émile Faguet et moi, (nuance qui a bien son importance), c'est que l'éminent académicien, applique cette formule à tous les criminels qui, *tous*, d'après lui, sont des demifous [1].

En tous cas, voilà la doctrine hardiment et nettement affirmée : d'après Émile Faguet, les questions de responsabilité non seulement ne regardent pas les médecins (comme viennent de le proclamer Gilbert Ballet et le Congrès de Genève), mais encore ne regardent pas les magistrats, qui n'ont qu'une mission : défendre la société sans se préoccuper de la responsabilité ou de l'irresponsabilité, de l'état de santé ou de maladie psychiques de ceux qui lui ont nui.

Partant d'un principe différent, Pierre Baudin

1. Voir plus haut (p. 196) ce que j'ai dit de l'école italienne dont la doctrine se rapproche beaucoup de celle d'Émile Faguet.

est arrivé à des conclusions analogues, mais plus avancées et plus graves encore.

29. — Pierre Baudin [1].

Pierre Baudin admet la thèse de la responsabilité atténuée comme « scientifiquement fondée » ; mais, pour lui, « elle ne saurait avoir aucune conséquence au point de vue pénal ».

La peine est le « moyen de défense [2] sociale. Elle est justifiée même à l'égard des demifous... Que nous importe donc de savoir si le crime est demifolie par définition. Il doit être puni quand même. Et la société n'a pas à connaître du combat intérieur qui s'est livré dans l'âme du criminel au moment de la prévolition. Cela ne la regarde pas... Il est absurde et intolérable *de laisser ces malfaiteurs en liberté* [3]. Ce sont les plus dangereux de tous. Et quand la science, sortant de son domaine, aboutit à de telles conséquences, la science n'est plus qu'un paradoxe. Il convient alors de la surveiller. C'est aux magistrats de la

1. Pierre Baudin. Les demifous. *Le Journal*, 17 février 1907. Les demifous. Réponse et réplique. *Ibidem*, 29 avril 1907.

2. Comparer la citation faite plus haut (p. 34, en note) du *Petit Marseillais*.

3. C'est moi qui souligne.

consigner dans les laboratoires et de ne l'admettre dans les prétoires que pendant ses intervalles lucides. »

On voit que volontiers Pierre Baudin rouvrirait pour les aliénistes les asiles qu'il tient fermés devant les aliénés criminels.

Au fond nous retrouvons toujours là la même confusion entre le *droit* qu'a la société de se défendre contre *tous* les criminels, et le *devoir* qu'elle a de ne pas employer les *mêmes moyens* pour se défendre contre les divers criminels. Oui, les demifous peuvent être aussi et plus nocifs que les sains d'esprit ; il faut donc se garer de leurs méfaits et nous n'avons jamais prétendu qu'il fallût les *laisser en liberté*. Mais j'ai dit et je maintiens que la *société doit employer pour se garantir des demifous des moyens autres que ceux qu'elle emploie pour se garantir des sains d'esprit*[1].

Tout le raisonnement de Pierre Baudin peut s'appliquer aux fous, aussi bien qu'aux demifous ; ils sont bien plus dangereux que les sains d'esprit ; il faut donc se défendre contre eux, se garder de les laisser en liberté ; mais personne n'a

1. Toute la partie serait gagnée si on m'accordait ceci parce que, seuls, les médecins peuvent désigner aux magistrats ceux qui sont fous et ceux qui sont demifous.

osé dire qu'il fallût les mettre en prison comme les sains d'esprit.

Toute l'argumentation de mes contradicteurs repose sur cette erreur qu'il n'y a qu'*un moyen*, pour la société, de se défendre contre les criminels, c'est de les supprimer ou de les mettre en prison. Ils oublient qu'on se gare aussi bien des méfaits d'un homme en l'internant, en le *traitant obligatoirement*, en le retenant dans un asile qu'en le détenant dans une prison [1].

Cette simple petite addition à la loi de l'obligation du traitement des fous et des demifous criminels [2] répond à toutes les objections tirées de l'intérêt général et permet à la société d'al-

1. Voir plus haut, p. 114.

2. Comme je l'ai dit plus haut (p. 207), il va sans dire que je n'ai jamais demandé le traitement *obligatoire* que pour les demifous *criminels* et n'ai jamais mérité le reproche que me fait Pierre Baudin, quand il déclare « absurde, odieux, impossible » de vouloir soigner d'office tous ceux qui ont dans la cervelle ou la moelle un tracassier de moyenne taille. Les génies, les grands hommes de lettres ne coucheraient pas souvent chez eux... A quel arbitraire irions-nous si nous donnions aux médecins et même aux magistrats le pouvoir d'agir contre les demifous *par mesure préventive*. » Je ne crois pas que personne ait jamais demandé cela ; en tous cas, pour ma part, je n'y ai jamais songé. Les génies et les grands hommes de lettres continueront à coucher tranquilles chez eux, tant qu'ils n'auront pas commis de crime. Comme l'objection de

lier ses *droits de défense* vis-à-vis des criminels avec ses *devoirs d'assistance* vis-à-vis des malades.

Dans un second article, défendant les mêmes idées, Pierre Baudin dit que, chez les demifous, « la peine est d'abord curative. »

S'il avait écrit « la peine *doit être* curative », il n'y aurait rien de plus juste ; il faut en effet que le jugement prescrive le traitement du demi-fou, en même temps que sa punition. C'est ce que je demande à grands cris ; ce sera la conclusion majeure de ce livre.

Mais je ne crois pas (et peu de gens admettent) que la peine, telle qu'on l'applique actuellement (c'est-à-dire comme aux bien portants) soit, comme dit Pierre Baudin, « salutaire » aux « voleurs d'habitude » ou « aux voleurs des grands magasins ». Cette peine est utile pour la défense de la société ; celle-ci a donc le droit de l'infliger. Mais en les punissant ainsi, la société ne remplit pas son devoir de soigner les criminels qui sont malades.

D'ailleurs Pierre Baudin ne cache pas que cette dernière pensée le touche peu : «nous avons, dit-

Dubief dont j'ai parlé plus haut (p. 206), tout cela prouve que je me suis jusqu'à présent bien mal exprimé et qu'une nouvelle exposition de ma manière de voir n'était pas inutile.

il, un meilleur emploi à faire de notre argent, et de notre philosophie médicale que d'immuniser et d'hospitaliser des détraqués coupables. »

Ceci me paraît une assertion absolument fausse et condamnable. On en arrive alors à dire ce qui a été écrit dans un autre numéro du *Journal* à propos de Soleilland : « pourquoi dépenser l'argent des contribuables à nourrir des monstres pareils ? Quand un chien est enragé, on le tue. »

Oui, quand un chien est enragé, on le tue, tandis que, quand un homme est enragé, on le soigne, même s'il a déjà mordu et au risque de se faire mordre soi-même. Une des conquêtes les plus positives de la sociologie contemporaine est la proclamation indiscutée du devoir qu'a la société de soigner ses malades ; ce devoir est aussi strict vis-à-vis des malades du psychisme que vis-à-vis des accidentés du travail ou des tuberculeux. Et ce devoir ne disparaît pas parce que le malade psychique aura commis un crime ou un délit.

Il est inadmissible qu'on veuille assimiler un malade nocif à un animal nuisible. Pourquoi alors ne pas revenir aux usages des sauvages et des barbares ? Pourquoi ne pas sacrifier tous les vieillards devenus des bouches inutiles et ne pas jeter à l'Eurotas tous les enfants souffreteux[1] qui ne seront qu'une charge pour la société?

Il m'est donc, encore une fois, impossible de souscrire à cette dernière conclusion de Pierre Baudin : le problème de la responsabilité atténuée « n'offre aucun intérêt au point de vue de la loi pénale. Il est confiné dans le domaine purement scientifique. Il intéresse les médecins et les psychologues. Il doit laisser indifférents les juristes et les magistrats ».

Je persiste à croire qu'au contraire il n'y a pas de question qui s'impose avec plus de nécessité et d'urgence à l'attention des juristes, des magistrats, des sociologues, de tout le monde[2].

Les critiques d'Émile Faguet et de Pierre Baudin, dont je viens de parler, sont antérieures au Congrès de Genève et ont été publiées à propos de mes *Demifous et demiresponsables*. Les mêmes idées ont été reprises, depuis le Congrès de Genève, notamment par Maurice de Fleury et par Remy de Gourmont.

1. Au risque de sacrifier un Voltaire.

2. J'ai cité plus haut (p. 188) l'opinion de Victor Margueritte qui estime que c'est là « une des plus passionnantes questions de sociologie qui soient ».

30. — Maurice de Fleury (Horace Bianchon[1]).

Dans un premier article à propos de Soleilland, Horace Bianchon parle de la critique d'Émile Faguet exposée plus haut (p. 202), et dit que dans cette critique il « met en pièces cette conception qui veut que la peine soit dosée d'après le degré apparent de santé ou de maladie du criminel au moment où il comparaît ». Horace Bianchon veut bien que Soleilland soit « soumis à l'examen des médecins légistes[2] ». Mais, « quel que soit leur diagnostic, continue-t-il, il ne paraît pas devoir influer grandement sur les décisions du jury, lequel a, pour unique tâche, de préserver la société et de faire bien voir aux dégénérés de l'avenir que le fait de se laisser aller à ses impulsions ne va pas sans quelques inconvénients sérieux. »

Dans son article sur la discussion de Genève,

1. Horace Bianchon. L'état mental de Soleilland. *Le Figaro*. 26 février 1907 ; Au Congrès des neurologistes. L'expertise médicolégale et la question de responsabilité. *Ibidem*, 25 août 1907 ; et ma réponse. *Ibidem*, 3 septembre 1907.

2. En fait, il l'a été et Dupré a déclaré qu'il était entièrement responsable. Les aliénistes ne voient donc pas, de parti pris, des fous ou des demifous partout. Si Dupré avait conclu à l'irresponsabilité, Horace Bianchon, juré, aurait-il, sans hésitation et sans remords, condamné le même Soleilland à mort ? Je ne le crois pas.

après avoir très aimablement et très impartialement exposé les deux thèses qui ont été en présence, Maurice de Fleury adopte celle de Gilbert Ballet et continue à ne vouloir toujours pas séparer et distinguer la responsabilité *morale* et la responsabilité physiologique ou au sens *médical*.

Tous ceux, dit-il, qui parlent de responsabilité ou d'irresponsabilité pour un criminel, « croient au libre arbitre, comme l'immense majorité des hommes. M. Grasset y croit aussi [1] et, ce qu'il veut nous enseigner, c'est qu'il y a des maladies du libre arbitre. C'est là précisément la faiblesse de sa doctrine. Tout ce que nous savons nous porte à croire qu'il n'y a pas de libre arbitre,... que les criminels sont tous également irresponsables de la façon la plus totale. »

Comme j'ai essayé de le répandre déjà, cette objection tombe devant la définition donnée plus haut de la responsabilité médicale ou du sens médical à donner au mot responsabilité. En se plaçant au point de vue du déterministe le plus convaincu, dans la détermination de l'homme il y a des éléments psychiques ; donc, dans la bataille prévolitive qui précède le crime, la nor-

1. Comparer ce que m'a écrit Maurice de Fleury et que j'ai cité déjà (p. 75).

malité ou la maladie des neurones psychiques est un élément dont il faut tenir compte et pour cela l'intervention du médecin est indispensable. Où sont les maladies du libre arbitre dans cette conception de la responsabilité médicale ?

Avec beaucoup de modération dans la forme et une gracieuseté de style qui masquent la cruauté de l'idée, Horace Bianchon expose des idées qui se rapprochent beaucoup de celles d'Émile Faguet et de Pierre Baudin.

Leur santé psychique peut, dit-il, rendre les inculpés plus ou moins « sympathiques » ou « antipathiques »; rien de plus. Et il ajoute : « on a certainement eu tort d'écarteler Damiens, fou notoire, qui voulut poignarder Louis XV ; mais, en supprimant la torture, nous avons fait l'essentiel et tout en moi ne se révolte pas à la pensée qu'on pourrait éliminer, par un procédé très-rapide, et point trop hideux, si possible, un aliéné très dangereux. »

Je crois que tout ce que j'ai dit plus haut pour répondre à Émile Faguet et à Pierre Baudin s'applique ici. L'exercice du droit de défense contre les aliénés criminels ne supprime jamais le devoir, pour la société, de les assister et de les traiter autrement que des animaux malfaisants.

Dans ce même article, Horace Bianchon, rappelle l'histoire très curieuse d'un Albert D...[1] qu'il a précisément observé avec Gilbert Ballet et qui est vraiment le type du demifou demiresponsable. En parlant de cet hystérique ambulatoire qui avait déserté, « mû par une de ces impulsions irrésistibles dont il est encore aujourd'hui coutumier », il dit : « évidemment entre cet Albert D... et tel autre déserteur, mauvais drôle hervéiste, il y a une différence. » S'il y a une différence entre ces deux déserteurs, il ne faut pas se préserver d'eux par les mêmes procédés ; il y en a un qu'il faut soigner, tandis que l'autre n'a droit qu'à la prison. Et alors, qui reconnaîtra, précisera et indiquera au juge cette différence, sinon le médecin ? Au nom de quel principe le médecin pourra-t-il être consulté si on en revient, suivant le vœu de Genève, à l'observation de la *lettre* de l'article 64 ?

1. Voir Maurice de Fleury. *Introduction à la médecine de l'esprit.* Bibliothèque de philosophie contemporaine, chapitre II, p. 80.

31. — Remy de Gourmont [1].

« Ils ont été sages, dit Remy de Gourmont, les médecins qui décidèrent en un récent Congrès de refuser de se prononcer sur les problèmes de responsabilité que leur posent les tribunaux... Parler de responsabilité, c'est parler de libre arbitre, et parler de libre arbitre, c'est s'engager dans les mystères fondamentaux de la philosophie humaine... On comprend que les médecins, qui sont presque tous déterministes, aient résolu de ne plus se prononcer sur les questions de responsabilité. Cela n'est pas du ressort de la médecine, qui doit se borner à déclarer si le sujet est sain ou malade et à le soigner si on le remet entre ses mains. »

Non. Le rôle du médecin est plus étendu que cela. Si l'inculpé est un épileptique qui a agi hors de sa crise, s'il est dégénéré, hystérique, fou moral... il ne suffit pas que le médecin donne son diagnostic auquel les jurés ne comprendront rien et dont par suite ils ne tiendront nul compte.

1. Remy de Gourmont. Causeries. Les médecins et la responsabilité. *La Dépêche*, 1er septembre 1907; Causeries. Les médecins et la responsabilité. L'opinion du Dr Grasset. *Ibidem*, 10 septembre 1907.

Il faut qu'il dise si les neurones psychiques étaient ou non normaux chez le sujet au moment où l'inculpé a décidé son crime. Où est, dans ce cas, l'acte de foi du magistrat ou du médecin dans le libre arbitre, s'il reste entendu que le mot responsabilité est pris uniquement dans son sens médical et n'est prononcé qu'avec l'épithète « médicale » ? Quel que soit le déterminisme du médecin expert, il peut toujours faire son rapport sur ce point de départ. Il ne faut pas, je le répète, que la peur d'être accusé de spiritualisme et la phobie de la métaphysique nous fassent abandonner nos droits sur une partie du domaine médical.

Dans son second article, Remy de Gourmont, après avoir très-courtoisement inséré ma réponse *in extenso* (malgré sa longueur) dit : « sans revenir sur la question du libre arbitre et du déterminisme, on peut, d'accord avec le Dr Grasset et d'ailleurs avec les faits et avec le bon sens, admettre qu'il y a des malades mentaux, que ces malades sont plus ou moins malades, c'est-à-dire plus ou moins conscients, plus ou moins aptes à résister à leurs impulsions. L'hypothèse du déterminisme ne peut nous faire oublier toutes les nuances visibles entre l'homme normal et le fou caractérisé. L'homme normal qui reçoit des impressions diverses, externes et internes, réagit également aux unes et aux autres ; les unes le poussent, les autres le retiennent : il se forme un équilibre. La vie normale n'est que cela, un état statique. L'homme que l'on qualifie d'anormal est au contraire en état plus ou moins constant de déséquilibre, une force le pousse que ne vient pas contrebalancer la force contraire : il tombe. »

Dans cette constatation très juste et très bien observée, Remy de Gourmont ne veut voir qu'un *fait* sans application légale ou sociale comme dans la chute d'un arbre plus ou moins bien protégé par un rideau de pins. « C'est un fait, et l'on en tiendra compte dans l'estimation des arbres comme dans celle des hommes. C'est un fait et voilà tout. »

« Quand nous aurons bien disputé sur l'origine du désastre Soleilland, quand nous aurons épuisé tous les arguments pour ou contre toutes les nuances de la responsabilité que l'on peut découvrir dans un homme sain ou malade, nous nous trouverons d'accord avec les bûcherons sociaux, avec les magistrats, sur la nécessité d'enlever l'homme et d'en débarrasser à jamais la société... Ne parlons même pas de crime, parlons de danger... L'idée de crime est une idée métaphysique ; l'idée de danger est une idée sociale. Les opinions de MM. Baudin, Faguet, de Fleury qui effraient M. Grasset, sont en principe fort acceptables. La société ne peut pas à chaque crime instituer un nouveau débat philosophique ni se mettre à toucher des questions qui, dès qu'il y eut des hommes qui pensèrent, troublèrent la pensée humaine. Depuis quelque temps on ne demande plus aux jurés leur opinion sur la matérialité d'un fait, on les interroge sur le programme de l'agrégation de philosophie. C'est ridicule. Il y a d'un côté les assassins et de l'autre les assassinés. *Que m'importe que celui qui me cassera la tête soit un apache ou un fou furieux ? Ce qui m'importe c'est de vivre*[1]. J'ai grand' pitié des malades, mais je prie qu'on enferme soigneusement ceux qui sont en état de fièvre chaude. »

Je suis presque humilié et inquiet de maintenir mes idées contre des adversaires de la taille de ceux que je viens de citer dans ce chapitre, parce que je me demande toujours sur quel point porte mon erreur (inconsciente) de raisonnement pour aboutir à des conclusions si divergentes avec des points de départ si voisins.

1. C'est moi qui souligne.

Remy de Gourmont admet qu'il y a des fous et des demifous et il proclame qu'il faut oublier leur maladie du moment qu'ils sont devenus un danger pour la société! Comme Bayet, il compare le déterminisme de l'homme à celui de l'arbre. Mais vis-à-vis de l'arbre (je n'ose plus le répéter) nous n'avons que des *droits*, tandis que vis-à-vis des hommes nous avons des *devoirs*: quand les hommes sont malades, nous devons les soigner, même s'ils sont criminels, tandis que l'arbre, nous l'abattons sans remords dès qu'il nuit ou menace de nuire. La comparaison des magistrats à des bûcherons sociaux me paraît donc fausse et dangereuse.

Nous ne voulons pas poser des colles de philosophie aux jurés; mais, puisque vous reconnaissez qu'il y a des malades et des plus ou moins malades parmi les criminels, si, comme le veut Gilbert Ballet, les médecins refusent de donner leur avis et d'éclairer la justice sur la responsabilité de l'accusé, c'est le programme de l'agrégation de médecine qu'il faudra demander aux jurés. N'est-ce pas aussi ridicule ?

Je n'admets pas que, si Remy de Gourmont était blessé par un assassin, il fut ensuite indifférent à la question de savoir si son meurtrier était ou non un fou. Je suis *certain* que si ce criminel était un fou avéré, l'éminent psychologue serait le premier à demander qu'on le soigne au lieu de le guillotiner ou de l'envoyer au bagne. Et Pierre Baudin et Émile Faguet et Maurice de Fleury et tous en feraient autant si, ce qu'à Dieu ne plaise, ils étaient victimes d'un semblable attentat.

Puisque vous avez pitié des malades (et je n'en doute nullement) demandez qu'on enferme ceux qui sont en état de fièvre chaude *ailleurs* que ceux qui se portent bien.

32. — Conclusions.

De tout ce qui précède il me paraît ressortir que médicalement, en se plaçant sur le terrain médical, avec des arguments médicaux on peut réfuter les doctrines si brillamment exposées et soutenues par Émile Faguet, Pierre Baudin, Maurice de Fleury et Remy de Gourmont.

On peut démontrer scientifiquement que si tous les criminels sont égaux devant la société au point de vue de la nocivité, ils sont absolument *inégaux comme santé psychique*, comme responsabilité médicale, et que si la société doit se défendre et se garer aussi bien des uns que des autres, elle doit le faire *par des moyens différents* suivant que le criminel est bien portant ou malade ; que par conséquent la société ne doit pas et ne peut pas se désintéresser de toutes ces questions et que les magistrats doivent, dans leurs jugements, tenir le plus grand compte du verdict médical antérieur de responsabilité, irresponsabilité ou responsabilité atténuée.

Mais toute cette réfutation est *médicale ;* elle part donc de cette première idée fondamentale que les médecins ont quelque compétence dans ces questions de responsabilité, qu'ils ont le droit d'en causer, d'en discuter, de faire entendre leurs voix.

Si l'on adopte les idées de Gilbert Ballet consacrées par le vœu du congrès de Genève, tout cela s'effondre, la base disparaissant ; les médecins sont incompétents dans les questions de responsabilité, ils ne peuvent plus en discuter ; tous les arguments, étant d'origine et de nature médicales, sont par là même annulés.

Les médecins étaient les seuls qui pussent argumenter; puisqu'ils sont récusés, ces doctrines deviennent inattaquables.

Et alors on voit ce qui ressort de l'admission simultanée et coalisée des idées de médecins comme Gilbert Ballet et Maurice de Fleury et de sociologues comme Émile Faguet, Pierre Baudin et Remy de Gourmont : il en ressort l'abandon complet de ces pauvres malades fous ou demifous dont personne ne veut plus prendre la défense et qui devront être traités comme les bien portants ayant commis le même crime.

Ni médecins ni magistrats n'ont à s'occuper des questions de responsabilité ; tout le monde se récuse et on guillotinera l'épileptique comme le bien portant si l'un et l'autre ont porté un très-grave préjudice à la société en tuant quelqu'un de leurs semblables.

Pas de sensiblerie en faveur de ces bêtes venimeuses. La société n'a qu'à se défendre et dans la bataille elle n'a pas à se préoccuper de savoir si ses adversaires sont responsables ou non, c'est-à-dire s'ils sont malades ou bien portants. Dans les cas de flagrant délit, le mieux serait même de lyncher [1] les criminels : nous en

1. Le public lit sans grande indignation dans *Le Petit Méridional* du 8 octobre 1907 cette dépêche, datée du Puy :

UN CRIMINEL EST ÉCHARPÉ

Il venait de tuer la tenancière d'un bureau de tabac. Les paysans le rejoignirent dans un bois et l'assommèrent.

«... Là, ils l'écharpèrent littéralement et le reconduisirent à Landes sous une grêle de coups. Les habitants enfermèrent le misérable dans un ancien four banal... » Comme Remy de Gourmont, Émile Faguet, Pierre Baudin et Maurice de Fleury serons ainsi plus sûrement et plus rapidement débarrassés...

J'ai un peu insisté sur ces doctrines afin qu'on voie nettement qu'en combattant les idées de Gilbert Ballet et le vœu de Genève, je ne combats pas *pour les médecins* (à qui les expertises sont souvent une charge et une préoccupation de plus), mais *pour les malades psychiques* à qui la société refusera tout soin, dès qu'ils seront criminels, si les médecins ne prennent plus la peine et n'acceptent plus la mission de les désigner aux magistrats, de les distinguer des autres criminels non-malades.

Cette situation lamentable qui résulterait de l'admission du vœu de Genève me paraît être encore un puissant argument contre les idées de Gilbert Ballet et en faveur de celles qui sont exposées dans ce livre.

(*en théorie*), les bons villageois (*en pratique*), ne se sont pas préoccupés de savoir si ce criminel était responsable ou non.

Sous ce titre « la loi de lynch », *Le Matin* du même jour raconte que « des habitants de Montreuil corrigent durement un voleur de bicyclette » et ajoute : « la loi de lynch tend à passer de plus en plus dans nos mœurs et cela est trop naturel », puisque les pouvoirs publics n'assurent pas la protection des honnêtes gens.

QUATRIÈME PARTIE

RÉFORMES UTILES DANS DES PROJETS DE LOI RÉCENTS

CHAPITRE SEPTIÈME

LA NOUVELLE LOI SUR LES ALIÉNÉS VOTÉE PAR LA CHAMBRE EN JANVIER 1907 [1]

A. *Nouvelles dispositions de la loi.* — 33. L'obligation de l'assistance sociale et du traitement médical des aliénés. — 34. L'obligation de traiter les aliénés, même criminels. — 35. L'internement administratif et légal de l'aliéné criminel après son acquittement. — 36. Les asiles de sûreté. — 37. Le verdict d'irresponsabilité. — 38. La sortie des aliénés criminels. — 39. Épileptiques, alcooliques, idiots et crétins.

B. *Desiderata de la nouvelle loi.* — 40. La procédure du verdict d'irresponsabilité. — 51. L'expertise médicolégale. — 42. Les demifous et la responsabilité atténuée. — 43. Conclusions.

1. Voir mon article déjà cité de la *Revue des idées* et ma *Thérapeutique des maladies du système nerveux.* Encyclopédie scientifique, 2e édition, 1908, Deuxième partie. Thérapeutique sociale.

A. — *Nouvelles dispositions de la loi.*

33. — L'obligation de l'assistance sociale et du traitement médical des aliénés.

J'ai indiqué plus haut (p. 17) la genèse de la loi actuellement en délibération devant le Parlement. Pendant plus de cinquante ans les parlements et les académies ont rivalisé de zèle, d'éloquence et de stérilité pour obtenir l'abrogation et le remplacement de la loi de 1838. On n'a pas encore atteint le but ; mais un grand pas semble fait : la Chambre a voté, en janvier 1907, un projet de loi qui attend encore la sanction du Sénat, mais qui contient d'heureuses dispositions et constitue un progrès réel sur la loi de Louis-Philippe.

D'abord dans la nouvelle loi apparaissent deux idées nouvelles et nécessaires qui manquent totalement dans la loi de 1838 : l'idée de *l'assistance sociale* et du *traitement médical* des aliénés et l'idée de l'*obligation* de ce devoir social.

L'article premier [1] déclare « obligatoires »

1. Voir plus haut, p. 20.

« l'assistance et les soins nécessaires aux aliénés ».

Ceci paraît très simple, mais est aussi nouveau que grave.

Certes la loi de 1838 [1] constituait, à l'époque, un très réel progrès. C'était la première réglementation *législative* remplaçant une réglementation purement *administrative* et de police (Ordonnance du 9 août 1828). Il y avait un « hommage rendu au principe de la liberté individuelle » dans cette loi qui « était alors en avance sur la plupart des législations de l'Europe, dont plusieurs se hâtèrent de l'imiter. »

Mais ce n'en était pas moins uniquement une « loi de sûreté », une « loi de police ». Le comte Portalis disait même : « nous ne faisons pas une loi pour la guérison des personnes menacées ou atteintes d'aliénation mentale. » Et de Gasparin, ministre de l'Intérieur, parlait de « mesures de sûreté publique, d'ordre public » contre des accidents analogues aux « inondations », aux « dangers qui menacent la salubrité publique ou même le repos des citoyens ».

Depuis lors, la science médicale et la science sociale ont marché, et alors apparaît dans la nou-

1. Voir LARNAUDE. *Bulletin de la Société d'études législatives*, 1904, t. III, p. 25.

velle loi l'idée d'assistance et de soins nécessaires aux aliénés, cette assistance et ces soins étant obligatoires.

Cette idée n'est pas seulement énoncée théoriquement, comme une belle déclaration de principes, en tête de la loi ; elle se retrouve, appliquée, dans une série d'autres articles.

Ainsi (article 22) les personnes admises dans les établissements d'aliénés sont placées d'abord, et provisoirement, à l'infirmerie de l'asile et y « sont maintenues autant que les *exigences du traitement* le permettent ».

Quand un ayant droit demande la sortie d'un aliéné interné, le médecin peut s'y opposer, notamment quand il est d'avis que l'état mental du malade pourrait compromettre « la sécurité, la décence, la tranquillité publiques, sa propre sûreté ou sa *guérison.* »

De même (article 32) le préfet peut empêcher la sortie des personnes dont l'état mental pourrait compromettre «... la *guérison* ». Et encore (article 26) les préfets peuvent ordonner d'office l'internement de toute personne dont l'état d'aliénation, dûment constaté par un certificat médical, compromettrait «... la *guérison.* »

Ces exemples suffisent à prouver que la nouvelle loi accepte l'idée, essentiellement médicale, que l'asile n'est pas seulement un lieu d'internement et un moyen de défense de la société *contre* les aliénés. C'est un lieu de traitement et un moyen de thérapeutique *pour* les aliénés.

C'est la consécration par la loi de ce principe posé par P. Garnier au Congrès de Nancy (1896) que « c'est un devoir d'assistance d'hospitaliser des aliénés indigents qui, pour n'avoir pas troublé l'ordre dans la rue ou menacé la vie des personnes, n'en ont pas moins besoin de ces soins spéciaux sans lesquels leur maladie s'établit le plus souvent à l'état chronique. »

Le traitement, la guérison, *l'intérêt médical* de l'aliéné doivent intervenir dans les décisions relatives à l'aliéné. La loi de 1838 n'en tient aucun compte. Celle-ci était une loi de *défense contre* les aliénés, la nouvelle sera une loi de *protection des* aliénés.

Le progrès réalisé sur ce point par la nouvelle loi montre bien, par suite, que, s'il faut reformer la loi de 1838, ce n'est pas parce que cette loi laisse trop de liberté et d'autorité au médecin. La réforme de la loi de 1838 ne doit pas être faite *contre* le médecin, mais *par* et *pour* le médecin, et aura pour résultat d'accroître son influence.

34. — L'obligation de traiter les aliénés, même criminels.

La nouvelle loi ne se contente pas de rendre obligatoires l'assistance et le traitement des aliénés ; ce qui était déjà dans les mœurs, sinon dans le Code. Elle réglemente le traitement, même des aliénés criminels. Ce qui est une réponse à bien des théories exposées dans le précédent chapitre.

Non seulement elle ne donne pas le droit à la société d'oublier les devoirs d'assistance médicale vis-à-vis des aliénés nocifs ; mais elle fait même de ce devoir une nouvelle obligation légale.

D'abord quand un aliéné, déjà interné dans un asile, commet un crime, on continue à le soigner malgré sa nocivité. Ce sont toujours des malades, plus dangereux que les autres. — Ceci n'est pas nouveau.

Mais l'article 35 [1] est plus intéressant ; il s'occupe des condamnés devenus ou reconnus épileptiques ou aliénés après le jugement dans leur prison : sur certificats médicaux, ils sont « retenus jusqu'à l'expiration de leur peine dans les asiles ou quartiers de sûreté » s'ils sont condamnés à

1. Voir plus haut, p. 20.

des peines afflictives et infamantes ou à des peines correctionnelles de plus d'un an et un jour, « dans l'asile départemental » dans les autres cas.

De plus, pour bien assurer l'exécution régulière de cette disposition, le même article porte que chaque année une inspection sera faite (par les soins du ministère de l'Intérieur) dans les prisons civiles et militaires « aux fins d'examen des détenus qui pourraient se trouver dans les conditions prévues au présent article ».

Enfin (ceci est encore beaucoup plus important et vise spécialement la question discutée dans ce livre) l'article 36 [1] s'occupe du criminel déclaré irresponsable *avant* le jugement ; quand le criminel a été l'objet soit d'une ordonnance ou d'un arrêt de non-lieu, soit d'un jugement ou arrêt d'acquittement, il est envoyé dans un asile, si sa *guérison* l'exige. On n'invoque plus seulement la sécurité, la tranquillité publiques ou sa propre sûreté : la société se préoccupe de la guérison de cet aliéné quoiqu'il soit criminel, quoiqu'il ait porté déjà préjudice et qu'il risque de porter encore préjudice à ses semblables.

La loi établit donc qu'on ne doit plus traiter un criminel comme un chien enragé ; quand il

1. Voir plus haut, p. 21.

est malade, il faut encore essayer de le guérir. Ceci ne cadre guère avec les idées d'Émile Faguet, de Pierre Baudin, de Maurice de Fleury ou de Remy de Gourmont.

35. — L'internement administratif et légal de l'aliéné criminel après son acquittement.

Voici une grave question que la nouvelle loi résout d'une façon très sage et très heureuse.

L'inculpé est déclaré, par l'expert, irresponsable ; il est acquitté. Que doit-on en faire ? Doit-il être rendu à la liberté, interné par le tribunal même, par l'autorité administrative ?

Lors de la discussion de la loi de 1838, Boyard demanda « d'annexer à l'article 12 un article permettant au ministère public de faire transférer dans une maison d'aliénés la personne qui, par suite de débats criminels ou correctionnels, avait été considérée comme en état de démence au moment de l'action pour laquelle elle aurait été poursuivie. » Le président Dufaure fit observer que « l'arrêt criminel ne déclare pas le fait d'aliénation mentale ; l'aliénation mentale peut avoir cessé au moment du jugement ; la séquestration incombe à l'autorité administrative ; le ministère public n'a pas qualité pour déclarer de la nature de l'aliénation mentale, » Boyard et de Gobery demandent alors que « le ministère public puisse, si cet état de démence existe encore au moment de l'acquittement, provoquer dans les vingt-quatre heures un ordre de placement de cet individu dans une maison d'*aliénés.* » L'amendement fut repoussé et un amendement analogue, présenté par de Perry à la Chambre des pairs, fut également repoussé.

En 1878, à la *Société médicopsychologique,* une discussion s'engage et Billod penche « pour les conclusions de Maxime du Camp dans son livre sur *Paris ;* les aliénés dits criminels pouvant, aux termes de la loi de 1838, sortir de l'asile après guérison malgré les chances qu'ils ont de redevenir malades, il semblerait naturel que le pouvoir d'ordonner leur internement fût attribué à l'autorité judiciaire ; un pareil ordre ne devrait être, en l'espèce, que le corollaire de l'ordonnance de non-lieu ou de l'acquittement. »

En 1880, à la *Société générale des prisons,* le rapporteur Proust propose d'ajouter l'article suivant à la loi de 1838 : « toutes les fois que l'état de démence d'un individu inculpé d'un fait qualifié crime ou délit par la loi aura motivé en sa faveur, soit une ordonnance de non-lieu, soit un jugement ou un arrêt d'acquittement, le ministère public aura le droit de requérir sa translation dans un asile, lorsque cet état de démence sera de nature à compromettre l'ordre public ou la sécurité des personnes. »

De même, la Commission extraparlementaire nommée pour reviser la loi de 1838 avait proposé l'article suivant : « tout inculpé poursuivi pour crime ou délit, qui a été relâché ou acquitté comme irresponsable de l'acte imputé à raison de son état mental, sera interné dans un établissement d'aliénés par mesure administrative [1]. »

Voilà où nous en sommes. Tout le monde se plaint. Mais, en fait, quand un criminel est acquitté comme irresponsable en Cour d'assises, il est, de droit, *remis en liberté*. C'est bien là une situation déplorable pour la défense de la société, en même temps que pour le traitement de l'aliéné.

La nouvelle loi remplit le desideratum et tranche nettement la question.

D'après l'article 36 [2], quand le criminel a été acquitté « à raison de son état d'aliénation men-

1. Voir encore le rapport de Gilbert Ballet au *cinquième Congrès pénitentiaire international de Paris* (1895), celui de Ch. Constant à la *Société générale des prisons* (1897), etc., dans le rapport de Kéraval sur les mesures à prendre à l'égard des aliénés criminels au *Congrès de Pau*, 1904.

2. Voir plus haut, p. 21.

tale au moment de l'action », il est renvoyé devant le tribunal du même arrondissement et celui-ci, « en Chambre du conseil, le procureur de la République entendu, ordonnera son internement dans un établissement d'aliénés ». Et la loi ajoute: « la décision, par laquelle le prévenu ou l'accusé déclaré irresponsable est renvoyé devant le tribunal, *interdit sa mise en liberté* et ordonne qu'il sera *retenu...* »

Voilà bien, légalement proclamé, le principe du *traitement obligatoire* des aliénés criminels que nous demandons dans tout ce livre et qui répond péremptoirement à nos contradicteurs quand ils disent, comme Pierre Baudin: « il est absurde et intolérable de laisser ces malfaiteurs en liberté, ce sont les plus dangereux de tous. »

Si le Sénat adopte cette loi nouvelle, on continuera à soigner les aliénés, même criminels, sans pour cela, les remettre en liberté et, par suite, en se garantissant tout de même contre leurs méfaits.

36. — Les asiles de sûreté.

Toutes les dispositions précédentes rendaient nécessaire l'établissement des asiles de sûreté, réclamés depuis longtemps de tous les côtés.

Dès 1845, Brierre de Boismont a proposé de créer des établissements spéciaux pour fous, vagabonds et criminels [1].

La Commission extraparlementaire, dont j'ai déjà parlé, propose un asile spécial ou des quartiers spéciaux d'aliénés pour : 1° les condamnés qui, au cours de leur peine, sont atteints d'aliénation mentale ; 2° ceux qui, antérieurement à l'époque où la folie se déclare, ont été condamnés à une peine afflictive et infamante ; 3° ceux qui ont commis dans l'asile où ils sont placés, un acte qualifié crime ; 4° ceux qui, ayant commis des crimes passibles d'une peine afflictive ou infamante, ont été relevés ou acquittés comme irresponsables à raison de leur état mental.

En 1901, Regnard concluait ainsi son rapport au *Conseil supérieur de l'assistance publique* sur la création d'asiles spéciaux pour les aliénés criminels : I. il sera créé sur le territoire de la République, au fur et à mesure des besoins, des asiles spéciaux pour l'internement et le traitement des aliénés criminels ; — II. ces établissements seront dénommés asiles d'État pour les

1. On trouvera dans le rapport déjà cité de Kéraval, le compte rendu de nombreuses discussions sur les aliénés dangereux à la *Société médicopsychologique* (1868, 1869, 1878, 1881, 1882), à la *Société générale des prisons* (1880), etc.

aliénés criminels ; — III. la population de ces asiles comprendra : 1° les individus condamnés et devenus aliénés pendant l'accomplissement de leur peine ; 2° ceux qui auront été reconnus aliénés au cours de l'instruction et du procès et relevés ou acquittés comme tels ; 3° exceptionnellement des individus signalés comme spécialement dangereux par les médecins des asiles ordinaires ; — IV. les condamnés devenus aliénés dans les prisons seront placés dans l'asile spécial par ordre du ministre de l'Intérieur.

« Le conseil vote ces conclusions sous la réserve que l'autorité judiciaire sera chargée de diriger sur les asiles spéciaux les aliénés relaxés comme irresponsables ou acquittés comme tels par le jury et reconnus dangereux après une expertise contradictoire (réforme Cruppi, vœu Ferdinand Dreyfus). »

Dans la nouvelle loi les mots « asiles ou quartiers de sûreté » sont d'abord prononcés dans les articles 35 et 36[1] à propos des condamnés reconconnus épileptiques ou aliénés après le jugement, pendant qu'ils subissent leur peine (article 35) et à propos des criminels acquittés à la suite d'une déclaration d'irresponsabilité (art. 36).

1. Voir plus haut, p. 20 et 21.

Puis les articles 38 et 39 [1] ordonnent la construction ou l'appropriation par l'État d'un ou de plusieurs asiles ou quartiers de sûreté pour les aliénés qui seront conduits et « retenus » en application des articles 35 et 36. On y placera aussi les aliénés qui auront commis un crime dans un asile.

En fait, une tentative a été déjà faite dans le sens indiqué par ces articles de loi.

Le 24 décembre 1901, la Chambre « considérant que tous les aliénés, criminels ou non, sont des malades et relèvent de l'asile, non de la prison [2], décide la désaffectation de l'infirmerie pénitentiaire de Gaillon [3] et invite le gouvernement à étudier un projet de construction à Gaillon ou ailleurs d'un double asile de sûreté pour aliénés des deux sexes particulièrement dangereux, dont la présence dans les asiles départementaux

1. Voir plus haut, p. 23.

2. Voilà un considérant à opposer à tous ceux qui, comme Émile Faguet, voudraient que la société se défende *par les mêmes moyens* contre tous les criminels, malades ou non.

3. Sur l'asile-prison de Gaillon (Eure), voir : Kéraval. Rapport déjà cité ; Charles Vallon. *Traité de pathologie mentale de Gilbert Ballet*, p. 1411 et 1586 ; Gaston Bernard. *L'asile des aliénés criminels de Gaillon. Sa nécessité. Son organisation future*. Thèse de Paris, 1905, n° 449.

est une cause de gêne, de trouble, d'insécurité. Sur la proposition Delbet, la Chambre invite le gouvernement à désaffecter la maison centrale de Gaillon, qui prendra le nom d'asile central des aliénés dangereux. Le ministre de l'Intérieur est chargé de l'organisation d'un service médical et d'un service de surveillance en rapport avec cette destination nouvelle. »

« Depuis le 1er janvier 1903, par décision du ministre de l'Intérieur, le quartier spécial d'aliénés et épileptiques (de Gaillon) a cessé de faire partie des services de l'administration pénitentiaire pour dépendre des services de l'assistance et de l'hygiène publiques [1]. »

« D'après le règlement provisoire du 20 janvier 1902, Gaillon est dénommé *asile spécial des condamnés aliénés et épileptiques*... Il reçoit, comme en 1876, les condamnés aliénés et épileptiques des maisons centrales de France (dont la peine dépasse un an de prison). Les condamnés à moins d'un an font leur peine dans les prisons départementales et sont, s'ils deviennent aliénés, placés à l'asile du département corres-

1. En mars 1904, Raoul Leroy, chef médical de Gaillon, écrit cependant encore à Kéraval : « les malades de Gaillon sont considérés comme en cours de peine, *l'asile de Gaillon relevant jusqu'ici directement de l'administration pénitentiaire.* »

pondant... Gaillon semble l'embryon tout indiqué du futur asile d'aliénés criminels... Il y a à Gaillon la place suffisante pour hospitaliser trois cents malades environ... Un asile de trois cents malades au maximum est seul désirable, parce ce qu'il faut éviter l'agglomération des aliénés dangereux et qu'en outre le médecin doit consacrer un temps très long à sa visite...

« Gaillon, ainsi compris, se composerait : α) de l'asile *pénitentiaire* destiné aux condamnés aliénés, à discipline stricte, sauf régimes médicaux spéciaux ; β) de l'asile *de sûreté* à discipline moins sévère, à nourriture meilleure. A cet asile de sûreté on placerait : les aliénés condamnés ayant fini leur peine, au lieu de les transférer dans les asiles départementaux ; tous les aliénés criminels et vicieux nécessitant une surveillance spéciale (fous moraux, débiles, pervers, évadés récidivistes, épileptiques dangereux, persécutés persécuteurs, certains persécutés à réactions dangereuses); les inculpés irresponsables mais dangereux pour la sécurité publique, à raison de leurs assassinats, de leurs impulsions homicides ou autres, de viols, de vagabondages et vols, d'incendies[1]. »

1. Voir aussi : Paul Serieux. Les asiles spéciaux pour les condamnés aliénés et les psychopathes dangereux. *Revue de psychiatrie*, 1905, p. 265.

37. — Le verdict d'irresponsabilité.

Voici une nouveauté encore plus grande, et bien plus importante pour le sujet même de ce livre.

Nous avons vu que le grand argument de Gilbert Ballet pour prêcher aux médecins l'abstention dans les questions de responsabilité des criminels est le silence du Code pénal, dans lequel, en effet, le mot responsabilité n'est pas prononcé. Cet argument tombera du jour où le projet voté par la Chambre sera devenu une loi définitive : les mots responsabilité et irresponsabilité y sont prononcés. Une fois la loi promulguée, quand il s'agira de l'appliquer, les médecins répéteront-ils solennellement qu'ils se désintéressent de ces questions de responsabilité et qu'ils en laissent tout le souci aux magistrats, seuls compétents en pareille matière ?

Dans l'article 36 [1] le mot « irresponsabilité » est prononcé deux fois : l'inculpé acquitté « à la suite d'une déclaration d'irresponsabilité » ou « en conformité du verdict déclarant l'irresponsabilité » sera interné judiciairement comme je l'ai dit plus haut.

1. Voir plus haut, p. 21.

Actuellement, la loi étant muette sur la responsabilité du criminel, quand un jury est convaincu par les experts de l'irresponsabilité de l'accusé, il ne peut que l'acquitter dans les mêmes termes que s'il n'avait pas commis l'acte reproché.

Quand la nouvelle loi sera votée, il n'en sera plus ainsi. En vertu de l'article 37 [1], en toute matière criminelle, le président devra, après avoir posé les questions résultant de l'acte d'accusation et des débats, avertir le jury, à peine de nullité, « que, s'il pense, à la majorité, que l'accusé ou l'un des accusés est irresponsable, il doit en faire la déclaration en ces termes : à la majorité, l'accusé, à raison de son état d'aliénation mentale au moment de l'action, est irresponsable. »

N'est-ce pas là une excellente innovation et une innovation capitale pour l'élucidation de la question discutée au Congrès de Genève et dans ce livre ?

38. — La sortie des aliénés criminels.

Avec les principes posés plus haut d'internement et de traitement obligatoires pour les alié-

1. Voir plus haut, p. 22.

nés criminels, on comprend que la sortie de l'asile de ces malades dangereux doit être entourée de précautions toutes spéciales.

Voici ce qu'avait proposé la Commission extraparlementaire : « si sa sortie est demandée à une époque quelconque pour cause de guérison, elle ne pourra être ordonnée qu'après examen de son état mental par la Commission instituée par l'article 40, assistée du médecin en chef de l'asile et d'un avocat inscrit au tableau des avocats près la Cour ou le tribunal du lieu de situation de l'asile et élu par les membres de cet ordre. Si la Commission est d'avis, à la majorité des voix, qu'il n'y a pas lieu d'autoriser la sortie, il y sera sursis pendant six mois pour la première fois et pendant un an pour les fois suivantes. »

D'après l'article 40 [1] de la nouvelle loi, quand la sortie d'un aliéné criminel est demandée, c'est le médecin traitant qui doit déclarer « si l'interné est ou non guéri, et, en cas de guérison, s'il est ou non suspect d'une rechute de nature à compromettre la sécurité, la décence ou la tranquillité publiques et sa propre sûreté ».

La demande et la déclaration médicale sont déférées *de droit* au tribunal qui statue en cham-

1. Voir plus haut, p. 24.

bre du conseil [1]. Si la demande est repoussée, le tribunal peut fixer un délai (six mois au plus) avant lequel elle ne pourra pas être renouvelée.

« La sortie accordée est révocable et peut n'être que conditionnelle. » Elle est alors soumise, bien entendu, à des mesures de surveillance toutes spéciales, qui dépendront d'ailleurs de chaque cas particulier. « Si ces conditions ne sont pas remplies ou s'il se produit des menaces de rechute, la réintégration immédiate à l'asile doit être effectuée ».

Voilà des dispositions très sages, inspirées par un esprit vraiment médical [2].

1. Dans les formes prescrites par l'article 36. (Voir plus haut p. 21.)

2. On voit dans cet article l'idée des *libérations provisoires* et des *congés* que la nouvelle loi prescrit très heureusement (article 42) pour les aliénés ordinaires. Depuis 1899, à l'asile de Pierrefeu, Belletrud a obtenu l'autorisation préfectorale permanente de donner des congés d'un mois à ses malades et il s'en trouve fort bien. Voir : Belletrud. Le régime de la vie normale à l'hôpital des maladies mentales du Var. *Revue de psychiatrie*, 1905, t. IX, p. 237 ; et Jean Caldagues. *Contribution à l'étude de la réforme de la loi de* 1838. Thèse de Toulouse, 1905, n° 623

39. — Épileptiques, alcooliques, idiots et crétins.

Enfin la nouvelle loi s'occupe nommément des épileptiques, des alcooliques, des idiots et des crétins, que la loi de 1838 ignorait absolument.

Voici les paragraphes 2, 3, 4 et 5 de l'article 2 qui règle cette question.

ARTICLE 2

Les asiles publics doivent comprendre, à défaut et dans l'attente d'asiles spéciaux, des quartiers annexes ou des divisions pour les épileptiques, les alcooliques, les idiots et les crétins.

Les alcooliques, les épileptiques, les idiots et les crétins continueront à être admis dans les asiles d'aliénés en attendant l'ouverture d'asiles spéciaux.

Dans un délai de dix ans, les départements devront ouvrir des établissements spéciaux ou des sections spéciales destinés au traitement et à l'éducation des enfants idiots, imbéciles, arriérés, crétins ou épileptiques et au traitement des buveurs. Plusieurs départements pourront se réunir pour créer ces établissements ou sections.

Les établissements prévus aux paragraphes précédents seront soumis à la surveillance instituée par la présente loi dans la mesure déterminée par un règlement d'administration publique.

B. — *Desiderata de la nouvelle loi.*

Je viens d'indiquer toutes les dispositions nouvelles, qui me paraissent heureuses pour la solution du problème étudié ici, dans la nouvelle loi votée par la Chambre. Il ne faudrait pas croire cependant que cette loi remplit tous les desiderata de la science psychiatrique et sociologique actuelle.

Je signalerai notamment les trois points suivants dont le Sénat devrait bien tenir compte dans ses délibérations : la procédure du verdict d'irresponsabilité ; les conditions dans lesquelles se fait l'expertise médicolégale d'un état mental ; le groupe considérable des demifous à responsabilité atténuée.

40. — La procédure du verdict d'irresponsabilité.

J'ai applaudi des deux mains [1] à l'innovation légale du verdict d'irresponsabilité. Je considère cette introduction du mot et de l'idée d'irresponsabilité dans le Code pénal comme une vraie et heureuse révolution, préparée et inspirée par les

1. Voir plus haut, p. 247.

progrès de la psychiatrie dans ces derniers cent ans.

Mais je crois nécessaire de faire quelques réserves sur la procédure de ce verdict, telle qu'elle est réglée par l'article 37 [1] dont je considère les termes comme dangereux en pratique. Si la question d'irresponsabilité est posée au jury sans qu'il y ait eu, au préalable, une expertise médicolégale dans l'instruction, ce verdict d'irresponsabilité manquera de bases. Or, il n'est pas question de cette expertise dans l'article 37. L'article 36 [2] parle bien d'une « *nouvelle* expertise qui doit être contradictoire » qui est ordonnée par le tribunal, saisi après le verdict d'irresponsabilité. Ce mot « nouvelle » suppose bien qu'il y en a eu une première avant le verdict, dans l'instruction. Ceci a paru trop évident au législateur pour qu'il ait cru devoir le dire. Mais, en présence des discussions relatées plus haut et des divergences d'opinion constatées, même dans le corps médical, il paraît nécessaire que la loi prescrive une expertise médicolégale dans l'instruction pour éclairer le jury avant son verdict d'irresponsabilité.

1. Voir plus haut, p. 22.
2. Voir plus haut, p. 21.

Dans les cas où il n'y a pas eu d'expertise médicale concluant à l'irresponsabilité, la question posée au jury devrait être celle-ci : l'accusé est-il responsable de l'acte qui lui est imputé ou est-il soupçonné d'irresponsabilité et devrait-il par suite être soumis à une expertise médicale ? *La question ne serait posée dans les termes de l'article* 37 *que quand il y a eu déjà une expertise médicale concluant à l'irresponsabilité.*

Il est donc désirable qu'en votant cette loi le Sénat approuve l'idée du verdict d'irresponsabilité, mais précise, dans la rédaction de l'article 37, que le jury doit se faire éclairer par des médecins sur la responsabilité ou l'irresponsabilité de l'accusé avant de prononcer son verdict.

41. — L'expertise médicolégale.

L'expertise médicolégale d'un inculpé au point de vue mental ne peut être faite que dans un asile ou tout au moins dans un hôpital convenablement aménagé pour cela, avec une surveillance assidue et intelligente par des infirmiers exercés, par exemple dans un *service d'observation* comme je voudrais en voir créer un dans tous les chefs-lieux de Cour d'appel ou tout au moins auprès de chaque clinique psychiatrique.

Ces services d'observation, la nouvelle loi ne les prévoit qué dans les chefs-lieux judiciaires où il n'existe pas d'asile et comme demeure provisoire. L'article 29 ajoute même que les malades doivent y être maintenus le moins longtemps possible parce que « l'asile est assimilé dans toute la mesure possible à l'hôpital ».

Cette dernière pensée est juste à bien des points de vue. Mais il ne faut pas oublier cependant qu'il reste une différence capitale entre l'asile et l'hôpital : c'est que, dans le premier, et pas dans le second, le malade est *retenu par force*. Dès lors, le diagnostic d'internement comporte plus de gravité et plus de difficultés (à tous les points de vue) que le diagnostic d'admission dans un hôpital. Ce diagnostic, dans les cas ordinaires d'aliénation mentale, se ferait bien mieux dans ces *services spéciaux d'observation* dont Maurice Hauriou [1] s'est fait le défenseur ; et cela sans préjudice pour les malades (au contraire !) qui y commenceraient leur traitement et spécialement leur isolement de la famille. Je trouve regrettable que la nouvelle loi n'organise pas ces services.

1. Maurice Hauriou. Note relative à la réforme des lois concernant les aliénés. *Bulletin de la Société d'études législatives*, 1906, p. 171.

Si ces services existaient, on pourrait y faire dans d'excellentes conditions les expertises médicolégales.

Actuellement, quand les experts demandent qu'un inculpé soit transféré hors de la prison, dans un asile, par exemple, pour la durée de l'expertise, ils l'obtiennent quelquefois; mais comme la loi de 1838 est muette sur ce point, on le leur refuse souvent ; même quand le président des assises et le procureur général le demandent, le préfet ou le secrétaire général peuvent le refuser.

Très heureuses seraient donc les dispositions suivantes communes à la loi du Sénat de 1887 et au projet Dubief de 1903 [1] que l'on ne retrouve malheureusement pas dans la nouvelle loi de 1907.

Article 40 (ou 42).

Lorsqu'un inculpé est présumé aliéné, l'expertise (contradictoire, dit le projet Dubief) prescrite en vue de déterminer son état mental peut avoir lieu soit dans le quartier ou local d'observation et dépôt provisoire établi à l'hôpital ou hospice (article 34 ou 29), soit dans un établissement public d'aliénés ou dans un établisse-

1. Toute la partie du projet Dubief qui a trait aux aliénés criminels avait été détachée en 1900 et transformée en une proposition de loi spéciale. Cela n'a pas abouti. — Voir Le Poittevin. *Bulletin de la Société d'études législatives*, 1905, p. 263.

ment privé faisant fonction d'établissement public, si l'expert ou l'un des experts désignés est médecin de cet établissement.

L'admission de la personne présumée aliénée a lieu en vertu d'un arrêté du préfet, pris sur les conclusions de l'autorité judiciaire.

Si l'expertise a lieu dans un établissement d'aliénés la personne présumée aliénée peut être réintégrée dans la prison par ordre du préfet, aussitôt que le chef responsable en fait la demande au préfet, pour motif de sécurité ou autre motif valable.

Dans cet article il n'y a que l'arrêté préfectoral d'admission qui me paraît une complication sans utilité : l'autorité judiciaire pourrait bien suffire à cette décision. — Mais enfin il serait, en tous cas, bon que le Sénat rétablisse dans la nouvelle loi cet article ou un analogue.

42. — Les demifous et la responsabilité atténuée.

J'ai encore à signaler la plus grave, à mon sens, des lacunes de la nouvelle loi. Pas plus dans le projet de loi que dans aucun autre et que dans la loi de 1838 il n'est question des demifous et de la responsabilité atténuée[1].

1. Voir ce que j'ai dit plus haut (p. 37) des préoccupations des législateurs étrangers sur cette question. — Voir aussi MARANDON DE MONTYEL. *Revue philanthropique* 1907, t. XX, p. 273.

J'ai montré qu'en fait, la plupart des médecins (Gilbert Ballet, comme les autres) admettent les cas cliniques correspondant à ce que nous appelons la demifolie. Si, d'autre part, la loi admet l'idée d'irresponsabilité, ce ne peut être que dans le sens médical de ce mot. On ne peut pas supposer que les députés de 1907 aient fait une profession de foi antidéterministe. Si donc ils admettent que la responsabilité est fonction des neurones psychiques normaux et l'irresponsabilité, fonction des neurones psychiques malades, ils ne peuvent pas ne pas admettre des cas dans lesquels les neurones psychiques sont assez malades pour que la responsabilité ne soit plus entière et pas assez malades pour que le sujet soit irresponsable. Si donc on fait figurer le verdict d'irresponsabilité dans la loi, on doit faire figurer aussi, pour ces cas, le verdict de responsabilité atténuée [1].

1. Faute de pouvoir légalement prononcer la responsabilité atténuée, les jurés et les experts donnent l'exemple des oscillations et des contradictions les plus regrettables.

1° Il y a quelque temps, le jury de l'Hérault a acquitté un accusé que le jury des Pyrénées-Orientales avait antérieurement *condamné à mort* pour le même fait : c'était un demifou qui ne méritait ni d'être guillotiné ni d'être remis en liberté, à qui il aurait fallu une peine quelconque et une retention perpétuelle dans un asile de sûreté.

2° *Le Matin*, du 26 septembre 1907, raconte que Mme L... a été

La déduction me paraît logique et irréfutable.

Il faudrait donc que l'article 37, cité plus haut (p. 22) prévoie aussi le verdict de responsabilité atténuée (sur conclusions préalables et conformes des experts) et alors légalement et régulièrement les magistrats pourraient appliquer à ces cas l'article 463 du Code pénal sur les circonstances atténuantes (voir plus haut, p. 12), en le combinant d'ailleurs avec l'article 36 (voir plus haut, p. 21) c'est-à-dire en décidant que le condamné sera obligatoirement retenu et traité dans un établissement de sûreté à l'expiration de sa peine.

Et ainsi la société se garantirait, avec son Code, de ces demifous nocifs, aussi bien que des bien portants responsables, mais par d'autres procédés et en d'autres lieux.

déclarée à des époques et lors d'arrestations successives, toujours pour vol : par Vallon, atteinte de légère débilité mentale et d'hystérie, pas irresponsable, méritant l'indulgence ; par Dupré, déséquilibrée constitutionnelle, hystérique, irresponsable; par Legras, pervertie du sens moral et affectif, kleptomane ; par Roubinovitch, Legrain et Brissaud, responsabilité limitée. Ces contradictions apparentes provoquent les sarcasmes des avocats et du public, les juges embarrassés, tantôt acquittent, tantôt emprisonnent. En fait, c'est une demifolle à responsabilité atténuée qui, au premier délit, devait être arrêtée et judiciairement condamnée à un traitement *obligatoire* dans un asile spécial.

43. — Conclusions

La première chose que je tiens à souligner, comme conclusion de ce chapitre, est l'appui que cette loi votée par la Chambre apporte à ma thèse [1]. Au lieu de maintenir comme un idéal l'article 64 du Code pénal et de continuer le silence de la loi sur la responsabilité des criminels, nos législateurs ont reconnu la réalité et l'importance de la science psychiatrique et sociologique et ont fait effort pour rendre officiel et légal l'usage, accepté par les magistrats, de tenir compte, dans chaque cas particulier, de la responsabilité ou de l'irresponsabilité du criminel.

Ils ont en même temps proclamé le devoir d'assistance et de traitement qu'a la société vis-à-vis des malades du psychisme (comme vis-à-vis des malades d'autres organes) même quand ces malades ont commis des crimes et constituent un danger pour leurs semblables.

Ils décrètent le traitement obligatoire et l'internement administratif des criminels acquittés pour aliénation mentale et irresponsabilité [2]. Et

1. J'ai cité plus haut (p. 191) l'article dans lequel Léon Millot signale ce fait.

2. « Que d'irresponsables même, acquittés par un jury, sur

ainsi ils donnent à la société les moyens de se défendre vis-à-vis des criminels aliénés aussi sûrement que vis-à-vis des criminels bien portants, mais par d'autres moyens, en d'autres lieux et par conséquent de ne pas négliger pour cela les devoirs d'assistance et de traitement vis-à-vis de ces criminels quand ils ont leurs neurones psychiques malades.

Ils instituent et organisent des asiles de sûreté pour les criminels aliénés.

Tous les progrès ainsi réalisés trahissent évidemment l'influence croissante des médecins sur les préoccupations et les dissertations des juristes et des législateurs. A ce point de vue la nouvelle loi est tout à fait l'opposé du vœu de Genève et marque un mouvement scientifique en avant au lieu de consacrer un recul vers la science de 1810.

Nous devons donc tous souhaiter que le Sénat mette bientôt cette loi en délibération et la substitue rapidement à cette loi surannée de 1838 con-

un rapport médical, sont remis en liberté ! Liberté de persécuter ! Liberté de se venger ! c'est l'invite à la récidive. » (Georges Claretie. *Le Figaro*, 20 janvier 1907.) Ceci est déplorable et restera possible tant qu'on n'aura pas modifié et complété la loi, en y ajoutant, comme je le demande, le principe du traitement et de l'internement *obligatoires* du criminel acquitté pour irresponsabilité.

tre laquelle on bataille et on proteste de tous côtés depuis plus d'un demi-siècle.

Mais il faut rappeler aussi en finissant que si cette loi remplit plusieurs des desiderata formulés par la science psychiatrique et sociologique, elle ne les remplit cependant pas tous.

Elle ne précise pas assez le rôle des médecins experts pour éclairer le jury avant qu'il soit appelé à prononcer son verdict d'irresponsabilité, elle ne facilite pas assez l'expertise médicolégale des mentaux, et surtout elle oublie complètement le groupe important et très-peuplé des demifous à responsabilité atténuée.

Au vœu déjà formulé de voir le Sénat sanctionner cette loi de la Chambre il faut donc joindre celui de voir le Parlement entier compléter son œuvre en comblant les lacunes signalées et surtout en ajoutant tout un titre ou tout au moins quelques articles sur ces infirmes du psychisme qui comprennent le gendarme et ont besoin du médecin.

CONCLUSIONS GÉNÉRALES

Quoique les idées exposées dans ce livre soient déjà anciennes dans mon esprit et dans celui de beaucoup d'autres, c'est le rapport de Gilbert Ballet et le vœu du Congrès de Genève qui m'ont engagé à l'écrire. On peut donc dire que mon objectif, en l'écrivant, est la réfutation de ce rapport et de ce vœu.

Mon argumentation peut se grouper sous deux têtes de chapitre : 1° la responsabilité et l'irresponsabilité ; 2° la responsabilité atténuée. Mon but est de proposer et de tâcher de faire adopter certaines modifications qu'il me paraît nécessaire d'apporter à la loi.

44. — La responsabilité et l'irresponsabilité.

La doctrine que voudraient faire prévaloir Gilbert Ballet et le Congrès de Genève est essentiellement *rétrograde ;* elle laisserait croire que la psychiatrie n'a fait aucun progrès dans ce dernier siècle; qu'elle a tourné dans un cercle, détruisant aujourd'hui ce qu'elle avait édifié hier, puisque c'est au nom de la psychiatrie qu'on avait demandé que les questions de responsabilité et d'irresponsabilité soient soumises au médecin ; et c'est au nom de la même psychiatrie mieux informée qu'on demande aujourd'hui que les médecins soient dépossédés des expertises sur la responsabilité.

Non. Les progrès accomplis par la psychiatrie sont réels et très considérables et ne permettent plus de s'en tenir à ce vieil article 64, dont Gilbert Ballet reconnaît, avec tout le monde, qu'il faut changer le sens de ses termes.

C'est au nom des malades du psychisme et dans leur seul intérêt que tous devraient (médecins et sociologues) demander avec insistance que l'article 64 soit remplacé par une série d'autres articles introduisant dans le Code l'*idée médicale* de responsabilité.

Tout le monde reconnaît aujourd'hui (Gilbert Ballet tout le premier) que le mot responsabilité n'a pas un sens unique; qu'il faut toujours lui accoler une épithète. Jusqu'à ce qu'on ait trouvé un autre mot meilleur, je propose qu'on emploie celui de *responsabilité physiologique* ou *au sens médical* en en précisant bien le sens.

Le médecin n'a pas à s'occuper de responsabilité *morale ;* tout le monde est d'accord sur ce point, mais la responsabilité *médicale* fait partie de la responsabilité *sociale* et constitue un élément *non suffisant* mais *nécessaire* de cette dernière, élément que le médecin a seul qualité pour apprécier.

Il ne suffit pas que (comme le propose Gilbert Ballet) le médecin, requis par le magistrat, donne son *diagnostic* et, sous prétexte que le mot responsabilité est mauvais et prête à confusion, laisse ensuite le magistrat se débrouiller : le médecin doit non seulement déclarer aux juges la maladie du sujet (s'il en a une) ; mais il doit leur dire l'influence que cette maladie a eue, au moment de l'acte sur la *fonction-responsabilité* du sujet ; il doit dire *si*, *comment* et *dans quelle mesure* cette maladie a influé sur sa responsabilité médicale (*état de normalité ou d'anormalité de ses neurones psychiques*).

Après ces explications et ces précisions du sens des mots, n'apparaît-il pas regrettable que les grands critiques et les grands médecins engagent avec autorité le public à regarder les experts comme dangereux ou incompétents en matière de responsabilité ? Ne vaudrait-il pas mieux, quand on a le bonheur d'avoir l'oreille du grand public, s'attacher à démontrer que, dans cette polémique, l'*inté ét*, mis en question et discuté, n'est pas celui des *médecins*, mais celui des *malades* ?

La question est nettement celle-ci : voulez-vous ou non cantonner les magistrats dans l'appréciation de la redoutabilité d'un criminel sans tenir compte de sa santé psychique ? Si oui, demandez avec Gilbert Ballet et le Congrès de Genève qu'on revienne à la loi de 1810 et que le mot de responsabilité (avec ou sans adjectif) ne soit plus prononcé dans les prétoires.

Si au contraire vous avez pitié des malades du psychisme, si vous croyez que la société leur doit des soins, même quand ils sont criminels, demandez au médecin de vous éclairer sur cette santé psychique, sur cette responsabilité médicale ; demandez la réforme de la loi, demandez que la loi française reconnaisse l'idée médicale de responsabilité et d'irresponsabilité et permette d'en tenir régulièrement et officiellement compte dans les verdicts et les jugements.

45. — La responsabilité atténuée.

La grande bataille reste sur la question de la responsabilité atténuée.

La joie avec laquelle beaucoup, spécialement des magistrats, accueilleront le vœu de Genève, vient de ce qu'ils y verront ou croiront y voir qu'ils vont enfin être débarrassés de ce cauchemar de la responsabilité atténuée.

Or, de quel nom qu'on l'appelle, cette demi-responsabilité existe et continuera à exister, alors même qu'on en effacerait le nom dans tous les Codes et dans tous les livres ; même avec un excellent rapport et un vœu des deux tiers d'un Congrès de spécialistes, *on ne se débarrasse pas d'un fait.*

Les faits correspondant à ce que l'on appelle la responsabilité atténuée *existent,* scientifiquement démontrés. Nous avons vu que tous les aliénistes (Gilbert Ballet comme les autres) en *reconnaissent expressément l'existence.*

On ne peut pas ne pas tenir compte de ces faits. On ne peut pas traiter un dégénéré, un épileptique hors crise, quand ils ont commis un crime, comme on traite un criminel bien portant.

Or, si on réalise le vœu du Congrès de Genève, si on revient à l'article 64, il est *absolument impossible* de rien faire pour ces malheureux.

C'est là, je crois, l'argument capital contre le retour pur et simple à l'article 64.

Nous n'avons donc pas le droit de nous taire tant que nous n'aurons pas obtenu que la *loi reconnaisse et consacre* non seulement l'idée médicale de responsabilité et d'irresponsabilité, mais aussi *l'idée, aussi scientifique et médicale, de responsabilité atténuée.*

Comme les demifous criminels sont souvent aussi dangereux, parfois même plus dangereux que les raisonnables, il faut que la société se gare de leurs méfaits comme elle se gare des criminels bien portants. Seulement elle doit, tout en se garantissant, se souvenir qu'ils sont malades, que, quoique criminels, ils ont le droit d'être soignés et alors elle doit, pour se garantir de leurs coups, employer d'autres moyens qu'avec les criminels responsables.

Quand un demifou à responsabilité atténuée a commis un crime, il ne lui faut pas la peine de tout le monde, il ne lui faut pas seulement une peine raccourcie, il lui faut une certaine peine, mais il faut surtout un traitement *obligatoire* (dont la durée ne peut être déterminée que par le médecin) dans un asile *spécial.*

Ce principe du traitement obligatoire, judiciairement imposé, doit être reconnu par la loi pour tous les criminels dont la responsabilité a été médicalement déclarée abolie ou atténuée.

Ceci répond péremptoirement à l'objection tirée du danger social des demifous et des peines raccourcies. Le dégénéré ne trouvera pas dans la constatation officielle de sa demifolie un encouragement à recommencer ses méfaits, puisque, par jugement, il sera obligatoirement *retenu* dans un asile spécial plus longtemps que ses complices bien portants ne seront *détenus* en prison.

46. — Modifications à apporter à la loi actuelle [1].

De ce qui précède on peut facilement déduire les modifications qu'il serait nécessaire de voir apporter à la loi actuelle.

1° La loi devrait accepter et proclamer l'idée de responsabilité, d'irresponsabilité et de responsabilité atténuée des criminels ;

2° La loi devrait définir le sens dans lequel elle prend ces mots et dire qu'il incombe au médecin d'éclairer la justice sur le degré de responsabilité physiologique des accusés ;

3° La loi devrait proclamer, à côté du droit de défense de la société vis-à-vis de tous les criminels, son devoir d'assistance et de traitement vis-à-vis des malades, psychiques ou autres, même quand ils sont criminels ;

4° La loi devrait décider et imposer, comme complément ou en remplacement de la peine, le

1. J'ai indiqué plus haut (p. 37) que ces questions préoccupent les juristes et les législateurs de tous les pays.

traitement obligatoire, dans un asile spécial, de tous les criminels dont la responsabilité a été médicalement reconnue abolie ou atténuée.

J'ai dit plus haut comment certains de ces desiderata sont remplis et comment certains autres ne le sont pas dans le nouveau projet de loi sur les aliénés soumis aux délibérations du Parlement. Il est désirable que, le plus tôt possible, le Sénat adopte et complète, dans le sens indiqué, ce projet qui n'a encore été voté que par la Chambre.

Il serait temps que la responsabilité des criminels ne soit plus réglée, au XXe siècle, par des lois promulguées en 1838 et en 1810[1] !

Montpellier, 13 octobre 1907.

1. Pendant la correction de mes dernières épreuves ont paru les deux mémoires suivants : A. ANTHEAUME et J. ANTHEAUME. Responsabilité pénale et expertise psychiatrique. *L'Encéphale*, 1907, p. 414; PAUL FAREZ. Le Congrès de Genève. Lausanne. L'expertise médicolégale et la question de la responsabilité. *Revue de l'hypnotisme*, 1907, octobre et novembre.

TABLE DES MATIÈRES

PREMIÈRE PARTIE

Évolution historique de l'idée de responsabilité.

DEUXIÈME PARTIE

Exposé de la doctrine.

TROISIÈME PARTIE

Critique de la doctrine.

QUATRIÈME PARTIE

Réformes utiles dans des projets de loi récents.

Mayenne, imprimerie CH. COLIN.

www.ingramcontent.com/pod-product-compliance
Ingram Content Group UK Ltd.
Pitfield, Milton Keynes, MK11 3LW, UK
UKHW020441200726
13857UKWH00002B/525